시간의 향기

Duft der Zeit
Byung-Chul Han

Duft
der Zeit

시간의
향기

머무름의 기술

한 병 철

김태환 옮김

문학과지성사
2013

시간의 향기
머무름의 기술

제1판 제 1쇄 2013년 3월 15일
제1판 제14쇄 2023년 10월 31일

지은이 한병철
옮긴이 김태환
펴낸이 이광호
펴낸곳 ㈜문학과지성사
등록번호 제1993-000098호
주소 04034 서울 마포구 잔다리로7길 18(서교동 377-20)
전화 02) 338-7224
팩스 02) 323-4180(편집) 02) 338-7221(영업)
전자우편 moonji@moonji.com
홈페이지 www.moonji.com

ISBN 978-89-320-2396-0

오늘날의 피로사회는 시간 자체를 인질로 잡고 있다. 이 사회
는 시간을 일에 묶어두고, 시간을 곧 일의 시간으로 만들어버린
다. 일의 시간은 향기가 없다. 오늘날 우리에게는 일의 시간 외
에 다른 시간이 없다. 쉬는 시간도 다른 시간이 아니다. 쉬는 시
간은 그저 일의 시간의 한 국면에 지나지 않는다. 일의 시간은
오늘날 시간 전체를 잠식해버렸다. 우리는 휴가 때뿐만 아니라
잠잘 때에도 일의 시간을 데리고 간다. 그래서 우리는 잠자리가
그토록 편치 못한 것이다. 지쳐버린 성과주체는 다리가 마비되는
것처럼 그렇게 잠이 든다. 긴장의 이완Entspannung 역시 노동력
의 재충전에 기여한다는 점에서 일의 한 양태에 지나지 않는다.
이른바 느리게 살기Entschleunigung도 다른 시간을 만들어내지 못

한다. 그것 역시 가속화된 일의 시간이 낳은 결과일 뿐이다. 일반적으로 받아들여지고 있는 견해와는 달리, 느리게 살기는 오늘날 당면한 시간의 위기, 시간의 질병을 극복할 수 없다. 느리게 살기 운동은 증상일 뿐이다. 증상으로 병을 치료할 수는 없다. 오늘날 필요한 것은 다른 시간, 일의 시간이 아닌 새로운 시간을 생성하는 시간 혁명이다. 시간에 향기를 되돌려주는 시간 혁명.

기다림의 감각

『시간의 향기』(2009)는 헤겔, 마르크스, 니체, 프루스트, 하이데거, 베버, 료타르, 한나 아렌트 등 근현대의 주요 작가, 사상가들과의 대결을 통해 진정한 안식을 모르는 현대적 삶에 대한 진단과 근본적 비판을 시도하고 대안적 가능성을 모색한 한병철의 저서이다. 이 책은 『피로사회』(2010)의 전작으로서, 두 책은 주제적으로 긴밀한 연속관계에 있다. 『피로사회』가 근대에서 후근대(포스트모더니티)로의 이행을 바이러스, 적대자, 억압과 착취, 결핍과 같은 부정성의 소멸이라는 관점에서 조명한다면, 『시간의 향기』는 동일한 이행 과정이 시간의 위기라는 관점에서 고찰되고 있다.

한병철은 오늘의 사회가 시간의 위기에 봉착해 있다고 진단한다. 왜 나는 늘 시간이 없고 시간에 쫓길까? 왜 시간은 그토록 빨리, 그토록 허망하게 지나가버리는 것일까? 그토록 바쁘게 지냈지만 어째서 나에게 남은 것은 아무것도 없을까? 나는 주어진 많은 시간을 요령 있게 활용하는 법을 배우지 못하고 낭비하고 있는 것일까? 『시간의 향기』는 우리가 살아가면서 끊임없이 느끼고 있는 이러한 일상적 의문들에 대한 철학적 성찰이다.

오늘날 시간은 리듬과 방향을 상실하고 원자화된다. 시간은 균질한 시-점Zeit-Punkt들로 축소된 현재들의 나열일 뿐이다. 현재는 지속성을 상실하고 순간순간 가볍게 휘발되어 날아가 버린다. 그것은 시간에 무게를 더해주던 의미의 중심, 의미의 중력이 사라져버렸기 때문이다. 무게를 상실한 시간은 아주 빠르게 지나가지만, 사실은 어디로도 가는 것이 아니다. 물론 시간은 미래를 향해 진행된다. 그러나 미래에 더 이상 어떤 의미론적 내용도 없는 까닭에, 시간의 진행은 어디론가를 향한 전진이 아니라 단순히 끝없는 현재의 사라짐일 뿐이다.

그러면 왜 의미의 중심이 사라지는가? 세계를 인간의 작위에 의해 얼마든지 조작할 수 있는 대상으로 보는 근대적 세계관이 그러한 결과를 초래한다. 인간은 조작할 수 있는 능력을 통해 자유를 얻는다. 인간은 행위를 통해 세계를 바꾸어갈 수 있기에 주체로 정립되고, 이러한 주체-됨이 인간에게 지고의 가치를 부여한다. 그리고 이 지고의 가치를 실현해주는 것은 바로 인간의 행위이기 때문에 조작 가능성과 자유의 세계관은 결국 '활동적 삶vita activa'의 절대화로 이어진다. 무엇에도 구속되어 있지 않은 완전한 자유가 인간의 존재 가치가 된다. 그러나 구속되어 있지 않음으로서의 자유에는 아무런 내용이 없다. 의미의 중심은 인간이 그것에 구속되어 있다고 느낄 때만 존재할 수 있다. 모든 구속에서 해방된 인간 자신이 최고의 가치가 되는 순간, 의미의 중심은 돌이킬 수 없이 파괴되고 만다.

활동적 삶은 시간도 조작 가능한 대상으로밖에 여기지 않는다. 사람들은 시간을 기다리지 않고, 주체적 개입을 통해 시간을 단축시킨다. 기차, 자동차, 비행기, 전신, 라디오, 컴퓨터, 인터넷, 디지털화. 이 모든 것이 시간을 단축시키기 위한 지난한 싸움이었다. 시간에 구속되지 않고 시간에서 자유로움으로써 완전한 주체가 되기 위한 싸움이었다. 그런데 이 싸움 속에서 전통적인 시간의 리듬, 그리고 그 리듬 위에 형성된 삶에 대한 감각은 파괴된다. 모든 과정을 단축시킬 수 있는 인간의 막대한 능력이 시간을 더할 나위 없이 가볍게 만든다. 무엇을 얻기 위해 필요한 시간이 줄어드는 데 비례하여 시간의 값은 싸지기 때문이다. 그러자 시간의 보복이 시작된다. 무게를 잃어버린 시간은 댐이 무너진 거센 물살처럼 마구 흘러가버린다. 인생도 그 물살에 휩쓸려 가볍게 떠내려간다.

사람들은 오늘날 훨씬 더 젊고 건강하게 더 오래 산다. 그러나 살아가는 시간의 무게는 말할 수 없이 가벼워졌다. 사람들이 예전보다 잘 늙지 않지만 훨씬 더 빠르게 나이를 먹어버린다는 역설은 여기서 생겨난다. 나이를 먹는다는 것은 삶의 시간의 양적인 증가 이상의 의미를 지니지 못한다. 리듬이 없는 시간은 고유한 시간의 질을 상실한 채 양화된 시간이다. 그것을 한병철은 "향기가 없는 시간"이라고 말한다.

한병철은 시간의 위기를 초래한 조작 가능성의 세계관과 '활동적 삶'의 절대화를 비판한다. 그가 '활동적 삶'에 대한 대안으로서 제시하는 것은 '사색적 삶vita contemplativa'이다. '사색적 삶'이란 행위를 통해 세계와 시간을 조작하고 변화시키는 활동적 삶의 대척점에 있는 삶이다. 그것은 정관靜觀하는 삶, 무위의 삶으로서, 행위를 멈추고 우리의 뜻대로 대상을 조작하고 바꾸어버리려는 협소한 욕망을 잊어버리고 그 순간에 드러나는 세계의 모습을 가만히 마주하고 받아들이는 태도를 가리킨다. 그것은 어쩌면 기다림에 대한 감각을 복원하는 것이라고도 말할 수 있으리라. 이를테면 열매를 숙성시키기 위해 천천히 나아가는 자연의 시간을 유전자 조작을 통해 단축시키려 할 것이 아니라, 그 시간의 아름다운 흐름을 느낄 수 있는 능력을 기를 것. 이것이 바로 한병철이 우리에게 전하고자 하는 메시지이다.

한병철에 따르면 이러한 사색적 삶은 이른바 느리게 살기와는 다르다. 그는 오늘날 사람들이 직면한 시간문제의 원인을 근대

이래 다양한 층위에서 진행되어온 삶의 가속화 과정으로 환원하는 입장에 대해 비판적이다. 가속화가 문제의 원인이라는 생각은 결국 속도를 포기하는 느리게 살기에서 삶의 대안을 찾게 한다. 그것은 마치 산업화 초기에 기계가 인간을 불행하게 한다고 보고 기계를 파괴하려 한 러다이트 운동과 유사한 면이 있다. 그러나 문제는 기계 자체도 아니고 각종 첨단 기술을 통해 가능해진 속도 자체도 아니다. 가속화라는 현상은 세계를 인간 의지에 따라 조작하고 지배하는 활동적 삶을 인간 존재의 유일무이한 가치로 보는 세계관의 파생적 결과일 뿐이다.

한병철은 인간 존재의 의미에 대한 근본적인 인식 전환을 촉구한다. 그는 어쩌면 마르크스의 저 유명한 경구, "지금까지 철학자들은 그저 여러 가지로 세계를 해석해왔을 뿐이다. 문제는 세계를 변혁하는 것이다"라는 경구를 다음과 같이 뒤집으려고 시도하고 있는 것인지도 모른다. '지금까지 인간은 지칠 줄 모르고 세계를 변혁해왔다. 하지만 문제는 세계의 뜻에 대해 사색하는 것이다.'

2013년 3월에
김태환

|차례|

　오늘날 닥쳐온 시간의 위기는 가속화로 규정할 수 없다. 가속
화의 시대는 이미 지나가 버렸다. 우리가 현재 가속화라고 느끼
는 것은 시간 분산의 징후 가운데 **하나**일 뿐이다. 이 시대가 겪는
시간의 위기는 다양한 시간적 혼란과 착오를 초래하는 반反시간
성Dyschronie 때문이다. 오늘의 시간에는 질서를 부여하는 리듬
이 없다. 그래서 시간은 혼란에 빠진다. 반시간성으로 인해 시간
은 어지럽게 날아가 버린다. 삶이 가속화된다는 느낌은 실제로는
방향 없이 날아가 버리는 시간에서 오는 감정이다.

　반시간성은 더 강화된 가속화의 결과가 아니다. 반시간성을 가
져온 것은 무엇보다도 시간의 원자화다. 시간이 예전보다 훨씬
더 빨리 지나간다는 느낌도 시간의 원자화에 기인한 것이다. 시

간의 분산은 지속의 경험을 불가능하게 만든다. 그 어떤 것도 시간을 **늦추지** 못한다. 삶은 더 이상 지속을 수립하는 질서의 구조나 좌표 속에 자리 잡지 못하고 있다. 사람들에게 동일시의 감정을 불러일으키는 사물들도 금세 사라져버리는 덧없는 존재가 되어버렸다. 그리하여 인간 자신이 극단적으로 무상해진다. 삶의 원자화는 원자적 정체성으로 귀착한다. 사람들에겐 자기 자신, 즉 작은 자아밖에 없다. 인간은 급격하게 공간과 시간을, 세계를, 공동의 삶을 상실해간다. 세계의 결핍은 반시간적 현상이다. 그로 인해 인간은 자신의 작은 육체로 쪼그라들며, 그 작은 육체를 **건강하게** 지키려고 악착같이 애쓰게 된다. 그것밖에는 가진 것이 없기 때문이다. 부서지기 쉬운 육체의 건강이 세계와 신을 대신한다. 죽음을 넘어 지속되는 것은 아무것도 없다. 그래서 오늘의 인간은 그토록 죽기 힘들어하는 것이다. 인간은 나이만 먹을 뿐 늙지는 않는다.

이 책은 반시간성의 원인과 징후를 역사적이고 체계적인 방식으로 추적한다. 더 나아가 이러한 질병의 치유 가능성에 대해서도 숙고할 것이다. 그러면서 이종시간성Heterochronien이나 무시간성 Uchronien처럼 비범하고 일상적이지 않은 지속의 장소들을 탐색할 터이지만, 이 연구는 그러한 것을 발굴하고 복원하는 데 그치지 않을 것이다. 오히려 역사적 회고를 통해, 시간의 위기를 극복하기 위해서는 삶이 일상 깊숙한 곳에 이르기까지 다른 형식을 취하지 않으면 안 된다는 미래의 전망을 부각시킬 것이다. 이야기의 시간이 사라진 것을 애석해할 이유는 없다. 이야기의 종언, 역사의 종언이 꼭 시간적 공허로 귀결될 수밖에 없는 것은 아니기 때문이다. 오히려 이야기의 종언은 신학과 목적론이 없는, 그러면서도 자기만의 고유한 향기가 있는 삶의 시간을 가능하게 만든다. 하지만 그런 가능성이 실현되려면 먼저 비타 콘템플라티바vita contemplativa, 즉 사색적 삶을 되살려야 한다. 오늘날 닥친 시간의 위기는 무엇보다도 활동적 삶vita activa의 절대화와 관계가 있다. 활동적 삶이 절대화되면서 노동은 절대적 명령이 되고 인간은 일하는 동물animal laborans로 전락하고 만다. 활동의 과잉이 일상을 지배하면서 인간의 삶에서 사색적 요소, 머무름의 능력은 완전히 실종되고 만다. 그 결과는 세계의 상실, 시간의 상실이다. 이른바 느리게 살기 전략으로는 이러한 시간 위기를 극복할 수 없다. 그런 전략은 심지어 본질적인 문제를 은폐하기까지 한다.

필요한 것은 사색적 삶을 되살리는 일이다. 시간 위기는 위기에 봉착한 활동적 삶이 사색적 삶을 다시 자기 안에 받아들이는 순간에 비로소 극복될 것이다.

불-시|Un-Zeit

　니체의 "최후의 인간"은 놀라울 정도로 현대적이다. 오늘날 절
대적인 가치로, 심지어 일종의 종교로까지 격상된 "건강"을 최후
의 인간은 이미 "숭배"하고 있는 것이다.[1] 게다가 그는 쾌락주의
자이기도 하다. 그래서 그에게는 "낮에 즐길 거리와 밤에 즐길
거리"가 있다. 의미와 동경은 쾌락과 유흥에 자리를 내주고 물러
난다. "'사랑이 무어냐? 창조가 무어냐? 동경이 무어냐? 별이
무어냐?' — 최후의 인간은 이렇게 묻고 눈을 깜빡거린다." 길고
건강한 삶, 하지만 아무런 사건도 일어나지 않는 삶은 결국 참을
수 없는 것이 된다. 그래서 그는 마약을 먹고 끝내 약물로 죽고

1　Friedrich Nietzsche, *Also sprach Zarathustra*, Kritische Gesamtausgabe, 6.
　Abteilung, 1. Band, Berlin 1968, p. 14.

만다. "때때로 약간의 독을: 그러면 기분 좋은 꿈을 꾼다. 그러다가 결국 많은 독을 먹는다. 기분 좋게 죽기 위해서." 역설적이게도 그는 건강을 위한 엄격한 방침으로 끝없이 삶을 연장하려 하지만, 결국 조기에 삶을 마치게 된다. 그는 죽지 않고, 불시에 끝장난다ver-enden('끝나다enden'에 'ver'라는 전철이 결합된 동사 verenden은 본래 동물이 죽는 것을 가리키는 말이다. 전철 'ver-'는 흔히 동사의 의미에 부정적인 뉘앙스를 부여하며, 따라서 ver-enden은 제대로 되지 못한 끝남을 가리킨다—역자).

제때 죽을 수 없는 사람은 불시에 끝날 수밖에 없다. 죽음은 삶이 고유하게 종결될 것을 전제한다. 죽음이란 **종결의 형식**인 것이다. 의미 있는 종결의 형식을 빼앗긴 삶은 불시에 중단될 수 있을 뿐이다. 종결 내지 완결이 불가능해지고 방향도 끝도 없는 전진, 영구적인 미완성과 새로운 시작만이 남아 있는 세계, 즉 삶이 하나의 형태로, 하나의 전체로 마무리되지 못하는 세계에서는 죽는 것이 쉽지 않게 된다. 그래서 삶의 과정은 불시에 끊어지고 만다.

오늘날의 가속화 역시 끝을 맺고 마무리하는 능력의 전반적인 소멸에서 그 원인을 찾을 수 있다. 시간은 그 어디에서도 종결과 완결에 이르지 못하기 때문에, 그리고 시간을 붙들어주는 아무런 시간적 중력도 없기 때문에, 그저 마구 돌진할 뿐이다. 그러니까 가속화는 시간의 댐이 무너진 상황의 가시적 결과인 것이다. 시간의 강물을 조절하고 분절하고 그것에 리듬을 부여하는 댐, 즉 그 멋진 이중의 의미에서 할트Halt가 됨으로써(Halt는 받침대와 정지, 멈춤의 의미를 함께 가지고 있다) 시간을 붙들고 지체시켜온 시간의 댐은 사라져버렸다. 시간이 리듬을 잃어버린 채 받침대도 방향도 없이 막막한 곳으로 흘러가버린다면, 어떤 **적절한 시간**도, 어떤 **좋은 시간**도 있을 수 없다.

차라투스트라는 불시에 끝나버리는 삶에 맞서서 완전히 다른 방식의 죽음을 요구한다. "많은 사람들이 너무 늦게 죽고 몇몇 사람들은 너무 빨리 죽는다. '제때 죽어라!'라는 교훈은 여전히 낯설게 들린다. 제때 죽어라. 이것이 차라투스트라의 가르침이다. 물론, 제때 산 적이 없는 사람이 어찌 제때 죽을 수 있으랴?"[2] 인간은 **적절한 시간**에 대한 감각을 완전히 잃어버렸다. 적시의 자리를 불시가 대신하기에 이른다. 죽음도 도둑처럼 불시에 온다. "싸우는 자에게나 승리자에게나 똑같이 미움받는 것, 너희의 히죽거리는 죽음은 도둑처럼 살금살금 다가온다——하지만 주인으로서 오는 것이다." 죽음을 향한 자유, 죽음마저 삶 속에 포섭해들일 수 있는 자유는 전혀 불가능하다. 니체는 불시에 끝내버리는 것이 아니라 삶 자체를 적극적으로 구성해가는 죽음, "완성하는 죽음"을 머릿속에 그리고 있다. 차라투스트라는 장수의 밧줄

---

2 같은 책, p. 89.

을 꼬는 자들에 맞서 자유로운 죽음에 관한 가르침을 설파한다. "나는 너희들에게 완성하는 죽음을 보여줄 것이다. 산 자들에게 가시이자 서약이 될 죽음을." 하이데거가 말하는 "죽음을 향한 자유" 역시 다른 이야기가 아니다. 죽음은 형성하고 완성해내는 힘으로서, 현재 속으로, 삶 속으로 끌어들여짐으로써 불시성에서 벗어난다.[3] 니체의 완성하는 자유로운 죽음도, 하이데거의 죽음을 향한 자유도 과거와 미래로 하여금 현재를 끌어당기고 포괄할 수 있게 해주는 시간의 중력에 의존하고 있다. 이런 시간적 긴장은 현재를 끝도 없고 방향도 없는 진행과정에서 해방시켜 중대한 의미로 채워준다. 적절한 시간 또는 적절한 시점이란 오직 방향성 있는 시간이 낳는 시간적 긴장관계 속에서만 생겨날 수 있는 것이다. 반면 원자화된 시간 속에서 여러 시점들은 다들 비슷비슷해진다. 그 무엇도 하나의 시점을 다른 시점에 비해 두드러지게 만들어주지 않는다. 시간의 붕괴는 죽음을 흩뜨려서 끝장으로 만들어버린다. 죽음은 방향 없이 흘러가는 현재로서의 삶을 끝장낸다. 그것도 불시에. 그렇기 때문에 오늘의 인간은 죽기를 특히 어려워하게 된다. 니체도, 하이데거도, 이처럼 죽음을 탈시

---

3 Martin Heidegger, *Sein und Zeit*, Tübingen 1993, p. 384 참조. "오직 죽음을 위한 자유로움만이 현존재에게 목표 자체를 주고 실존을 그 유한성 속에 박아 넣는다. 사로잡힌 실존의 유한성은 끝없이 다양하게 제공되는 가장 가까운 가능성들, 편안하게 생각하기, 가볍게 받아들이기, 외면하기 등에서 탈피하여 현존재를 그 운명의 단순성 속으로 데려온다."

간화하여 불시에 닥치는 끝장으로 만들어버리는 시간의 붕괴에 저항한다. "목표와 상속자를 가진 인간은 목표와 상속자를 위해 적시에 죽기를 원한다. 그리고 목표와 상속자에 대한 경외감 때문에 더 이상 삶의 성소에다 말라빠진 화환을 걸어놓으려 하지 않을 것이다. 진정, 나는 밧줄 꼬는 자들과 같아지지 않으련다. 그들은 실을 길게 늘이면서 스스로는 계속 뒤로 간다."[4]

니체는 "상속자"와 "목표"에 강하게 호소한다. 분명 그는 신의 죽음이 미친 영향의 전모를 완전히 의식하지 못하고 있는 듯하다. 따지고 보면 역사의 종언, "상속자"와 "목표"의 종언도 신의 죽음이 초래한 결과 가운데 하나인 것이다. 신은 마치 시간 안정화 장치처럼 작용한다. 신은 지속적인, 영원한 현재를 가능하게 한다. 그 때문에 신의 죽음은 시간 자체를 점점이 흩어버리고 시간에서 모든 신학적, 목적론적, 역사적 긴장력을 빼앗아간다. 현재는 덧없이 사라져가는 시-**점**으로 쪼그라든다. 상속자와 목표는 현재에서 사라져버렸다. 현재에는 더 이상 과거와 미래의 긴 꼬리가 달려 있지 않다. 신이 죽은 뒤, 역사의 종언이 임박한 상황에서 니체는 시간적 긴장을 복원한다는 어려운 과업에 도전한다. "동일한 것의 영원한 회귀"라는 이념은 운명에 대한 사랑amor fati 이상의 의미를 지닌다. 그것은 바로 운명, **운명의 시간**을 복원하

---

4 Friedrich Nietzsche, *Also sprach Zarathustra*, p. 89.

려는 시도인 것이다.

하이데거의 "세인Man"[5]은 니체가 말한 "최후의 인간"을 계승한다. 하이데거가 "세인"에 부여하는 속성은 최후의 인간에게도 그대로 적용된다. 니체는 최후의 인간을 다음과 같이 성격 짓는다. "모두가 같은 것을 원하고, 모두가 동일하다. 다르게 느끼는 사람은 자발적으로 정신병자 수용소에 들어간다." 하이데거의 "세인"은 시간적 현상이기도 하다. 시간의 붕괴는 점증하는 대중화 및 획일화 경향과 궤를 같이한다. 고유한 실존, 본질적 의미의 개인은 "세인," 즉 대중이 고장 없이 작동하는 데 걸림돌이 된다. 삶의 과정이 점점 더 빠르게 전개되면서, 이질적인 형식이 발생하거나 다양한 분화가 일어나 저마다 독자적 형식을 발전시킬 수 있는 가능성은 사라져간다. 그러기에는 성숙의 시간이 부족하기 때문이다. 이 점에서 니체의 "최후의 인간"은 하이데거의 "세인"과 거의 구별되지 않는다.

하이데거 역시 시간이 점과 같은 현재의 단순한 연속으로 허물어지는 데 맞서 "유산"과 "전승"에 강력히 호소한다. 모든 "좋은 것"은 "유산"이다.[6] "고유한 실존"은 "유산의 전승"을 전제한다.

---

5 Martin Heidegger, *Sein und Zeit*, pp. 126 이하 참조. "공공 교통수단의 이용, 언론기관(신문)의 이용에 있어 모든 다른 사람은 다 같은 남이다. 〔……〕 세인이 즐기는 대로 우리도 즐기고 만족한다. 세인이 보고 판단하는 대로 우리도 살고 보고 문학과 예술에 대해 판단한다."

6 같은 책, p. 383.

24

고유한 실존은 "예전에 있었던 실존의 가능성에 〔……〕 응답하는" "반복"이라는 것이다.[7] "유산"과 "전승"은 역사적 연속성을 수립해야 한다. "새로운 것"이 빠르게 교체되어가는 사태에 직면하여 하이데거는 "옛것"에 호소한다. 하이데거의 『존재와 시간』은 역사의 종언이 임박한 가운데 역사를 복원하려는 시도이다. 이때 역사란 **비어 있는 형식**으로서의 역사, 즉 아무 내용 없이 다만 시간적 **형식의 힘**만을 앞세우는 역사이다.

오늘날 시간을 타는 사물들은 예전보다 훨씬 더 빨리 낡아버린다. 이들은 순식간에 과거의 것으로 전락하고 관심 밖으로 밀려난다. 현재는 현재적인 것의 끝 부분으로 축소되어버린다. 현재는 더 이상 지속되지 않는다. 이미 하이데거는 점점이 흩어져버린 무역사적 현재에 직면하여 "오늘의 **탈현재화**"[8]를 요구한 바 있다. 현재가 축소되고 지속이 사라져가는 것은 흔히 착각하듯이 가속화 때문이 아니다.[9] 지속의 소멸과 가속화 사이의 관계는 훨씬 더 복합적이다. 시간은 마치 산사태처럼 마구 무너져 내리는데, 그것은 바로 시간이 자기 안에 아무런 받침대도 가지고 있지 못하기 때문이다. 현재를 이루는 점들 사이에 아무런 중력도 작

---

7 같은 책, p. 386.
8 같은 책, p. 391.
9 하르트무트 로자Hartmut Rosa는 그의 저서 『가속화: 근대에서의 시간 구조의 변화 *Beschleunigung. Die Veränderung der Zeitstrukturen in der Moderne*』(Frankfurt a. M. 2005)에서 이런 단순한 도식을 따르고 있다.

용하지 못한다면, 시간은 휩쓸려가고 방향 없는 과정의 가속화가 촉발될 것이다. 하지만 그것은 **방향이 없는 까닭**에 가속화라고 말할 수조차 없다. 본래 가속화란 방향성 있는 궤도를 전제하기 때문이다.

진리는 그 자체로 이미 시간 현상이다. 진리는 지속적인 영원한 현재의 반영인 것이다. 휩쓸려가는 시간, 쪼그라드는 덧없는 현재는 진리의 알맹이를 갉아먹는다. 경험 또한 시간적 확장, 여러 시간 지평의 착종을 바탕으로 한다. 경험의 주체에게 과거는 단순히 사라지거나 버려진 것이 아니다. 그것은 오히려 그의 현재, 그의 자기 이해를 형성하는 요소로서 남아 있다. 작별은 한때 있었던 자의 현존을 희석시키지 않는다. 그의 현존은 작별을 통해 오히려 더욱 깊어질 수 있다. 떠나간 것은 경험의 현재와 완전히 단절되지 않으며, 오히려 경험의 현재와 뒤얽힌 채로 남아 있다. 또한 경험의 주체는 앞으로 올 것에 대해, 예측불허의 불확실한 미래에 대해 스스로를 열어두고 있어야 한다. 그렇게 하지 않으면 그는 그저 일해서 시간을 조금씩 갚아가는 노동자로 굳어져버릴 것이다. 그는 변화하지 않을 것이다. 변화는 노동과정을 불안정하게 만든다. 반면 경험의 주체는 결코 자기 자신과 동일한 상태로 머무르지 않는다. 그의 거처는 지나간 것과 앞으로 올 것 사이에 있다. 경험은 넓은 시공간을 포괄한다. 경험Erfahrung은 매우 강렬한 시간적 성격을 지니며, 이 점에서 순간적이고 시간적으로 빈약한 체험Erlebnis과 대비된다. 인식 역시 경험만큼이나 강렬한 시간적 성격을 지닌다. 인식의 힘은 지나간 것과 앞으로 올 것 모두에서 나온다. 이러한 여러 시간 층위의 착종을 통해 비로소 지식은 인식으로 응축된다. 이러한 시간적 응축은 인식과 정보를 가르는 변별점이기도 하다. 정보는 시간적으로 공허하며, 결여적 의미에서 무시간적이기 때문이다. 이러한 시간적 중립성 때문에 정보는 저장해두었다가 임의로 호출할 수 있는 것이다. 사물에서 기억을 제거하면 정보가 되고 더 나아가 상품이된다. 그리고 시간이 없는 비역사적 공간으로 옮겨진다. 정보의 저장은 기억의 삭제, 역사적 시간의 삭제를 전제한다. 시간이 붕괴하여 그저 점점이 분산된 현재의 연쇄로 전락한다면, 시간이지닌 모든 변증법적 긴장도 소멸할 것이다. 변증법은 그 자체가이미 강렬한 시간적 사건이다. 변증법적 운동은 시간 지평들의복합적 착종, 즉 **이미 일어난 것의 아직 일어나지 않음**Noch-Nicht des Schon에 의존하고 있는 것이다. 그것은 각각의 현재 속에 함축되어 현존하는 것을 해방시키고, 이로써 현재를 운동 속에 던져넣는다. 변증법적 추동력은 이미 일어난 것과 아직 일어나지 않은것, 과거와 미래 사이의 시간적 긴장에서 생겨난다. 변증법적 과정 속에서 현재는 긴장이 넘친다. 반면 오늘의 현재에는 아무런긴장도 없다.

현재적인 것의 끝 부분으로 축소된 현재는 행위의 층위에서도 불시성Unzeitigkeit을 증가시킨다. 약속, 의무, 신의 같은 것은 진정으로 시간적인 실천 양식이다. 그것들은 현재가 미래 속으로 이어지게 함으로써 미래를 묶어두고 현재와 미래를 뒤얽는다. 이로써 안정화 작용을 하는 시간적 연속성이 생겨난다. 이러한 연속성은 미래를 불시의 폭력에서 지켜준다. 스스로를 장기적으로 묶어두는 실천 양식 역시 종결의 형식이라고 할 수 있을 텐데, 그것이 점점 단기적 가변성으로 대체되면서 불시성 역시 강화된다. 그리고 이는 심리학적 층위에서 불안과 초조로 나타난다. 점증하는 불연속성과 시간의 원자화는 연속성의 경험을 파괴한다. 이로써 세계는 불시적으로 된다.

충만한 시간의 반대상은 시작도 끝도 없이 공허한 지속으로 늘어진 시간이다. 공허한 지속은 휩쓸려가는 시간과 반대되는 것이 아니라, 오히려 그것과 이웃하고 있다. 공허한 지속은, 이를테면 가속화된 행위의 음화 또는 거기서 소리를 뺀 형식 같은 것이다. 그러니까 더 이상 할 일이 없다면 남겨지게 될 시간, 텅 빈 행위의 시간 형식인 것이다. 공허한 지속이나 휩쓸려가는 시간이나 모두 탈시간화의 결과다. 가속화된 행위의 불안은 잠 속에까지 연장된다. 밤이 오면 그러한 불안은 불면의 공허한 지속으로 이어진다. "불면의 밤: 그것을 표현하는 하나의 공식이 있다. 새벽이 찾아와 끝날 가망도 없이 공허한 지속을 잊으려는 허망한 노력 속에서 늘어지는 고통스러운 시간들. 하지만 경악을 일으키는 것은 시간이 수축되어 아무런 결실도 없이 손가락 사이로 빠져나가는 그런 불면의 밤이다. 〔……〕 그런데 그런 시간의 수축 속에서 드러나는 것은 충만한 시간의 반대상이다. 충만한 시간 속에서 경험의 힘이 공허한 지속의 저주를 깨뜨리고 지나간 것과 미래의 것을 현재로 끌어모은다면, 조급한 불면의 밤 속에서 지속은 참을 수 없이 끔찍한 전율을 불러일으킨다."[10] 역설적인 것은 "조급한 불면의 밤"이라는 아도르노의 표현이 아니다. 왜냐하면 조급성과 공허한 지속은 동일한 원천에서 나온 것이기 때문이다. **낮의 조급성은 텅 빈 형식이 되어 밤을 지배한다.** 이제 시간은 아무런 받침대도, 붙들어주는 중력도 사라져버린 상태에서 마구 쓸려가며 간단없이 사라져간다. 이처럼 휩쓸려가는 시간, 멈추지 않고 흘러 없어져버리는 시간은 밤을 공허한 지속으로 변모시킨다. 공허한 지속에 내맡겨진 상태에서 잠을 자는 것은 불가능하다.

공허한 지속은 분절되지 않은 시간, 방향이 잡히지 않은 시간이다. 그 속에서는 의미 있는 예전도, 의미 있는 나중도 없고, 기억도 기대도 없다. 무한한 시간 앞에서 짧은 인생은 무에 지나지 않는다. 죽음은 인생 밖에서 와서 인생을 불시에 종결시키는 폭력이다. 인간은 불시에 때 이른 끝장을 맞이한다. 죽음이 인생, 삶의 시간 자체에서 도출되는 결말이라면, 폭력이라고 할 수

---

10 Theodor W. Adorno, *Minima Moralia*, Frankfurt a. M. 1986, p. 217.

없을 것이다. 그러한 종결이 있을 때만 인간은 삶을 스스로 마지막까지 살 수 있고 제때에 죽을 수 있다. 오직 종결의 시간적 형식들만이 나쁜 무한성에 맞서서 지속을, 즉 의미 있는 충만한 시간을 창출한다. 잠, 숙면 역시 결국은 종결의 형식일 것이다.

프루스트의 『잃어버린 시간을 찾아서』는 다음과 같은 특별한 문장으로 시작한다. "Longtemps, je me suis couché de bonne heure"(오랫동안 나는 일찍 잠자리에 들었다). 번역을 하고 나면 "bonne heure"('일찍'을 의미하지만 축어적 의미로는 '좋은 시간'—역자)라는 말은 완전히 사라져버린다. 하지만 그 말은 시간과 행복bonheur에 관한 매우 중요한 의미를 담고 있다. 좋은 시간은 나쁜 무한성, 그러니까 잠을 불가능하게 하는 나쁜, 공허한 지속의 반대상이다. 시간의 파열, 기억조차 허락하지 않는 시간의 근본적 불연속성은 고통스러운 불면증을 낳는다. 프루스트 소설의 처음 몇 단락은 이와 반대로 행복을 주는 연속성의 경험을 보여준다. 주인공은 기억과 감각의 이미지들이 주는 기분 좋은 분위기 속에서 잠과 꿈, 깨어남 사이에서 힘들이지 않고 유영하며, 과거와 현재 사이를, 확고한 질서와 유희적인 혼란 사이를 넘나든다. 시간의 파열이 주인공을 공허한 지속으로 빠뜨리는 일은 일어나지 않는다. 잠자는 사람은 오히려 유희하는 자, 방랑하는 자이며 시간의 지배자이기도 하다. "잠자는 사람은 시간의 경과를, 세월과 여러 세계의 질서를 제 둘레에 둥그렇게 펼쳐놓는다."[11] 때때로 혼돈과 착란도 일어나기는 한다. 하지만 그런 일도 파국적인 종말로 이어지지는 않는다. 항상 "착한 확실성의 천사"가 와서 구원해주기 때문이다. "[……] 한밤중에 깨어나면 나는 내가 어디 있는지 알지 못했다. 처음 순간에는 내가 누구인지조차 몰랐다. [……] 하지만 차츰 기억이 찾아왔다. [……] 마치 스스로는 헤어 나올 수 없는 허무에서 나를 건져주려 위에서 내려오는 구원자처럼. 1초 만에 나는 수세기의 문명을 건너고, 석유 등잔과 풀어진 셔츠의 희미한 이미지에서 서서히 나의 자아가 그 본래의 모습대로 새로이 만들어졌다."[12] 밖에서 들려오는 무심한 익명의 소리나, 불면증과 공허한 지속을 대단히 특징적으로 표현하는 시계의 커다란 똑딱 소리 대신에, **뭔가 맑은 울림이 있는 소리**가 귓속을 파고든다. 밤의 어둠 또한 만화경처럼 다채롭고 생동하는 것으로 나타난다. "나는 다시 잠이 든다. 그러고 나서는 이따금 잠에서 깨어나지만 그것도 아주 잠시뿐, 판자가 삐걱하는 소리를 듣거나 어둠의 만화경에 눈길을 한번 줄 정도의 시간, 잠깐 돌아온 의식 덕분에 잠의 기분 좋은 맛을 느낄 수 있는 정도의 시간이다. [……]"[13]

---

11 Marcel Proust, *In Swanns Welt*(E. Rechel-Mertens 역), Frankfurt a. M. 1997, p. 11.

12 같은 책, p. 12.

13 같은 책, p. 10.

오늘날 삶의 과정이 가속화된 이유를 죽음에 대한 두려움에서 찾을 수 있다는 믿음은 착각이다. 이를테면 다음과 같은 논리를 보라. "이미 드러난 것처럼, 가속화는 명백히 삶의 시간적 유한 성이라는 문제, 다시 말해 세속화된 문화 속에서 세계의 시간과 삶의 시간 사이에 큰 격차가 존재한다는 문제에 대한 대응 전략 으로서 나온 것이다. 이 문화에서는 세계의 가능성들을 최대한 만끽하고 개인의 소질을 최상으로 발전시키는 것──그것이 **충만 한 삶**의 이상이다──이 성공적인 삶의 전범이 된다. 두 배로 빨리 산다면 세상에서 두 배로 많은 가능성을 실현할 수 있을 것이고, 한 번의 인생 속에서 두 번의 삶을 누리는 셈이 될 것이다. 그 속도를 무한으로까지 증가시킨다면, 삶의 시간은 사실상 무한 정한 세계 시간, 또는 무한정한 세계 가능성의 지평에 다시 접근 하게 된다. 왜냐하면 우리는 그렇게 함으로써 이 세상에서 주어 진 단 한 번의 생애에 걸쳐 수많은 삶의 가능성을 실현할 수 있 고 기회를 소멸시키는 죽음 앞에서 더 이상 두려움을 느낄 필요 가 없을 것이기 때문이다."[14] 두 배로 빨리 사는 사람은 두 배로 많은 삶의 가능성을 만끽할 것이다. 삶의 가속화를 통해 삶은 그 만큼 배가되고, 이로써 충만한 삶의 목표에 접근하게 된다. 하지 만 이런 계산은 나이브하며, 충만함과 단순히 꽉 찬 것 사이의

---

14 Hartmut Rosa, *Beschleunigung*, p. 474.

혼동이 빚어낸 결론일 따름이다. 충만한 삶은 그저 양적 논리로 정의되지 않는다. 온갖 삶의 가능성들을 실현한다고 자연히 충만한 삶이 만들어지는 것은 아니다. 사건들을 단순히 헤아리고 zählen 열거한다고aufzählen 저절로 이야기Erzählung가 되지는 않는 것처럼 말이다. 이야기가 되려면 의미를 빚어내는 특별한 종합이 필요하다. 사건들의 장황한 나열은 흥미진진한 이야기를 만들어내지 못한다. 반면 아주 짧은 이야기라도 고도의 서사적 흥미를 자아낼 수 있는 것이다. 마찬가지로 극히 짧은 삶도 충만한 삶의 이상을 달성할 수 있다. 가속화의 테제는 문제의 진정한 핵심을 보지 못하고 있다. 문제는 오늘날 삶이 **의미 있게 완결될 수** 있는 가능성을 잃어버렸다는 데 있다. 바로 이것이야말로 오늘의 삶이 분주하고 초조해진 원인이다. 사람들은 끊임없이 새로이 시작하고 "삶의 가능성들" 사이에서 불안하게 우왕좌왕한다. 그것은 바로 그들이 단 하나의 가능성을 완성하고 마무리하지 못하게 되었기 때문이다. 삶을 충만하게 해줄 어떤 이야기도, 의미를 만들어주는 전체도 없다. 삶이 극대화를 위해 가속화된다는 주장은 오해의 소지가 있다. 좀더 자세히 들여다보면, 가속화란 삶이 하나의 가능성에서 다른 가능성으로 어지럽게 날아다니게 만드는 초조한 불안에 지나지 않음이 드러난다. 삶은 결코 안식과 완결에 이르지 못한다.

오늘날 죽음과 관련하여 언급할 수 있는 또 하나의 문제는 삶이 극단적으로 고립되고 원자화되었다는 사실이다. 그것이 삶을 더욱더 유한하게 만든다. 삶은 점점 더 넓이를 잃어가고 있다. 삶이란 어느 정도 넓이가 있어야 지속성도 지닐 수 있을 텐데 말이다. 삶 속에는 세계가 거의 담겨 있지 않다. 이렇게 원자화된 삶은 극단적으로 죽음에 취약해진다. 전반적인 부산함과 불안은 무엇보다도 이러한 특별한 죽음의 가능성에서 생겨난다. 얼핏 보면 이처럼 초조함이 퍼져 있는 까닭에 모든 것이 더 빨라지고 있다는 느낌을 받을 수도 있다. 그러나 삶이 정말로 빨라진 것은 아니다. 다만 삶은 더욱 분주해졌고, 삶에 대한 전체적인 파악과 방향 설정이 더욱 어려워졌을 뿐이다. 시간은 산만해진 까닭에 더 이상 질서를 세우는 힘을 발휘하지 못한다. 이에 따라 삶에는 뚜렷하고 결정적인 결절점이 생겨나지 못한다. 인생은 더 이상 단계, 완결, 문턱, 과도기 등으로 구분되지 않는다. 사람들은 오히려 하나의 현재에서 또 다른 현재로 바삐 달려갈 뿐이다. 그들은 그렇게 나이를 먹어가지만 늙지는 않는다. 그러다가 불시에 끝나버리는 것이다. 바로 그렇기 때문에 오늘날 죽는 것이 그 어느 시대보다도 더 어려워진 것이다.

향기 없는 시간

불멸의 존재를
하늘 어디에서도 볼 수 없으니…
—프리드리히 횔덜린

신화적 세계는 의미로 가득하다. 신들이 바로 영속적인 의미의 담지자들이기 때문이다. 그들은 세계를 의미 있게, 의미로 충만하게 만든다. 그들은 사물과 사건 들이 어떻게 서로 연관되어 있는지 이야기한다. 연관성이 이야기됨으로써 의미가 정초된다. 이야기는 무에서 세계를 만들어낸다. 신들이 가득하다는 것은 의미가 가득하고 이야기가 가득하다는 뜻이다. 세계는 **그림**처럼 읽을 수 있게 된다. 우리는 시선을 그저 이리저리 움직이기만 하면 이 그림에서 의미를, 의미 있는 질서를 읽어낼 수 있다. 모든 것은 제자리를 가지고 있다. 즉 확고하게 짜인 질서(코스모스) 속에서 고유의 의미를 지니고 있는 것이다. 어떤 사물이 제자리에서 벗어나더라도 결국 제자리로 되돌려진다. 시간이 그것의 **위치**

를 잡아준다. 시간은 질서다. 시간은 정의다. 제멋대로 사물들을 옮겨놓는 인간은 부정한 행위를 저지르는 것이다. 시간이 그의 범죄를 징벌한다. 그렇게 해서 시간은 영원한 질서를 다시 세운다. 시간은 정의롭다(디케). 사건들은 서로 확고한 관계를 이루며, 의미 있는 연쇄 속에 배치되어 있다. 단 하나의 사건이라도 거기서 잘라내면 안 된다. 모든 사건은 영속적이고 불변하는 세계의 실체를 반영한다. 여기서는 지배적 질서의 변화를 초래할 어떤 운동도 일어나지 않는다. 영원히 반복되는 이러한 세계 속에서 가속화는 그 어떤 의미도 지닐 수 없을 것이다. 의미 있는 것은 다만 동일자의 영원한 반복, 즉 이미 존재했던 것, 항구적 진리의 재생뿐이다. 그렇게, 역사 이전의 인간은 영속하는 현재 속에서 삶을 살아간다.

역사적 세계는 이와는 완전히 다른 전제 위에 세워져 있다. 이 세계는 관찰자의 눈앞에 항구적인 실체, 불변의 질서를 드러내는 한 폭의 완성된 **그림** 같은 것이 아니다. 사건들은 이제 더 이상 정지된 **평면**이 아니라 계속 흘러가는 **선** 위에 배치된다. 사건들을 엮음으로써 의미를 산출해내는 시간은 단선적으로 흘러간다. 동일자의 영원한 회귀가 아니라 변화의 가능성이 시간을 의미 있게 만든다. 모든 것은 과정이다. 그것은 때로는 진보의 과정이고, 때로는 퇴락의 과정이다. 역사적 시간은 일정한 **방향성**을 지닌다는 점에서 유의미성을 산출한다. 시간의 선은 특정한 진행 방향을, 하나의 통사를 따른다.

역사적 시간은 영속하는 현재라는 것을 알지 못한다. 사물들은 움직일 수 없는 질서 속에 붙박여 있지 않다. 시간은 되돌아감 없이 앞으로 전진하며, 과거를 반복하기보다 미래를 따라잡는다. 과거와 미래는 점점 더 멀어져간다. 과거와 미래의 동일성이 아니라 양자의 차이가 시간의 의미를 이룬다. 시간은 변화이고 과정이며 전개인 것이다. 현재 속에는 어떤 실체도 담겨 있지 않다. 현재는 오직 이행의 지점일 따름이다. **존재**하는 것은 아무것도 없고, 모든 것은 **되어간다.** 모든 것은 변화한다. 동일자의 반복이 사라지고 사건이 이를 대신한다. 운동과 변화는 무질서를 낳기보다는 다른 질서, 새로운 질서를 수립한다. 시간의 의미는 미래에서 나온다. 이처럼 미래가 지향점이 됨에 따라 시간은 앞을 향해 빨려가게 되고, 이는 가속화라는 결과를 낳을 **수 있다.**

역사적 시간은 선적 시간이다. 하지만 역사적 시간에도 매우 다양한 진행 형식 또는 현상 형식이 있다. 종말론적 시간은 진보를 약속하는 역사적 시간 형식과 큰 차이를 보인다. 종말론적 시간은 최후의 시간으로서 세계의 종말을 가리킨다. 종말의 시간은 시간의 끝, 역사 자체의 끝을 몰고 온다. 이때 인간은 미래에 대하여 내던져진 입장(피투성Geworfenheit)이 된다. 종말론적 시간은 어떤 행동도, 어떤 계획도 허용하지 않는다. 인간은 자유롭지 못하다. 그는 신에게 예속되어 있다. 그는 미래를 향해서 자신을 내던지지entwerfen 못한다. 그는 **자신의** 시간을 계획하지entwerfen 못한다. 그는 오히려 끝을 향해, 세계와 시간의 궁극적 종말을 향해 던져진다. 그는 역사의 주체가 아니다. 역사의 주체는 심판하는 신이다.

"혁명Revolution"이라는 개념 또한 원래는 전적으로 다른 의미를 지니고 있다. 혁명도 물론 과정이기는 하다. 하지만 거기에는 귀환과 반복의 측면이 없지 않다. 원래 레볼루치오revolutio는 별의 운행을 가리키는 말이었다. 그것이 역사에 적용되면서 한정된 수의 지배 형태들이 순환적으로 반복됨을 의미하게 된 것이다. 역사의 진행 속에서 일어나는 변화들이 하나의 원환으로 엮인다. 전진이 아니라 반복이 역사의 진행을 규정한다. 게다가 인간은 자유로운 역사의 주체가 아니다. 인간은 여전히 시간에 대해 자유롭기보다는 내던져진 입장에 처해 있다. 혁명을 만드는 것은 인간이 아니다. 오히려 인간은 별들의 운행 법칙에 종속되어 있듯이 혁명에 종속되어 있다. 시간은 자연적 상수들에 의해 형성된다. 시간은 소여, 즉 주어져 있는 사실이다.[15]

---

15 Reinhart Koselleck, *Vergangene Zukunft. Zur Semantik geschichtlicher Zeiten*, Frankfurt a. M. 1979, p. 71 참조. "마치 별들이 지상의 인간과 무관하게 원환 궤도를 운행하면서도 인간에게 영향을 미치고 심지어 인간의 운명을 결정하는 것처럼, 17세기 이후 정치적 혁명 개념 속에서도 그러한 이중의 의미가 함께 울리고 있었다. 혁명은 그 속에 참여한 사람들의 머리 위에서 이루어지지만, 모든 당사자는 [⋯⋯] 혁명의 법칙에 포획되어 있다."

계몽주의 시대에 역사적 시간에 관한 특수한 관념이 형성되었다. 종말론적 시간관과는 반대로 계몽주의적 시간관은 개방적 미래를 가정한다. 끝을 향해 가는 존재가 아니라 새로운 것을 향한 출발이 계몽주의의 시간을 지배한다. 이러한 시간은 고유의 무게와 중요성을 지니게 된다. 그것은 무기력하게 종말을 향해 달려가지 않는다. 어떤 소여성도, 어떤 자연적 상수도 역사를 순환적 반복 속에 가두지 못한다. 그리하여 혁명은 완전히 다른 의미를 얻게 된다. 이 말에서 천체의 원운동이라는 관념은 사라져버린다. 순환하는 궤도가 아니라 사건들의 직선적이고 전진적인 흐름이 혁명의 시간성을 규정한다.

계몽주의의 시간관념은 피투성과 소여성에서 벗어난다. 시간은 **탈소여화**되고 **탈자연화**된다. 이제 시간에 대한 인간의 관계를 결정하는 것은 '자유'다. 인간은 시간의 끝으로 내던져지지도 않고, 그렇다고 사물의 자연적인 순환 속에 갇히지도 않는다. 자유의 이념이, "인간 이성의 진보"[16]라는 이념이 역사에 영혼을 불어넣는다. 시간의 주체는 더 이상 심판하는 신이 아니라 미래를 향해 **투신하는** 자유로운 인간이다. 시간은 운명이 아니라 기투Entwurf이다(企投. Entwurf는 피투성Geworfenheit과 대비되는 하이데거의 용어이다. 일상적 용어로서 Entwurf는 초고, 구상, 계획을 의미하지

---

16 Robespierre, *OEuvres*(M. Bouloiseau 편), Paris 1958, IX, p. 495.

만, 하이데거에게 이 말은 어떤 구체적인 계획이 아니라 계획을 가능하게 만드는 무엇이다―역자). 인간은 내던져진 존재가 아니라 만들 수 있는 존재로서 미래와 관계를 맺는다. 혁명을 **만들어내는 것**produire은 바로 인간이다. 그리하여 변혁Revolutionierung이나 혁명가Revolutionär와 같은 개념이 성립할 수 있는 것이다. 이러한 개념들은 조작 가능성Machbarkeit을 함의한다. 그런데 조작 가능성이라는 관념은 세계의 안정성, 더 나아가 시간 자체의 안정성을 파괴한다. 아주 오랜 시간 동안 영원한 현재를 정립하면서 모든 면에서 안정성을 제공해주던 신이 이제 서서히 시간에서 물러나게 된다.

조작 가능성의 믿음은 이미 16세기부터 자연과학에서 주목할 만한 혁신의 동력을 촉발시켰다. 그 이후 기술혁신의 주기는 점점 짧아져왔다. 바로 "아는 것이 힘이다"라는 베이컨의 격언 속에 세계의 제작 가능성에 대한 믿음이 반영되어 있다. 정치적 혁명은 산업혁명과 연결되어 있다. 두 혁명은 동일한 믿음에서 태어나 그 믿음으로 추진되었다. 1838년에 발행된 『브로크하우스 백과사전』의 철도 항목을 보면 영웅적 어조로 산업혁명과 정치혁명을 한데 엮어놓고 있다. 여기서 철도는 혁명의 "증기 개선 마차"[17]로 미화된다.

---

17 *Conversations-Lexikon der Gegenwart*, Leipzig 1838, "Eisenbahnen," Bd. 1, p. 1136.

계몽주의 시대의 혁명은 탈소여화된 시간을 바탕으로 한다. 시간은 모든 피투성과 모든 자연적 강제, 또는 신학적 강제에서 해방되어 저 증기 철마와 마찬가지로 구원이 기다리고 있는 미래를 향해 내달린다. 종말론적 시간관에서 물려받은 것은 목적론이다. 역사는 구원사로 남아 있다. 미래에 목적이 놓여 있을 때, 미래로 가는 과정의 가속화는 의미 있는 일이 된다. 예컨대 로베스피에르는 1793년 제헌 기념식에서 다음과 같이 말한다. "인간 이성의 전진은 이 위대한 혁명을 준비했습니다. 이를 더욱 가속화할 특별한 의무가 바로 여러분에게 주어져 있는 것입니다."[18]

신이 아니라 자유로운 인간이 시간의 주인이다. 피투성에서 해방된 인간은 다가올 미래를 계획한다. 하지만 이처럼 신에게서 인간으로 **권력 교체**가 이루어지면서 뜻하지 않은 결과가 나타났다. **시간의 안정성이 무너진 것이다.** 지배적 질서에 최종적 타당성과 영원한 진리의 봉인을 부여하는 것은 바로 신이기 때문이다. 신은 영속하는 현재의 상징이다. 권력 교체와 더불어 시간은 신이라는 **받침대**Halt, 변화에 대한 저항으로 작용하는 받침대를 상실하고 만다. 뷔히너의 혁명극 『당통의 죽음』에서도 이러한 경험이 이야기되고 있다. 카미유는 이렇게 소리친다. "사람들이 건전한 이성이라고 이름 붙인 일반적인 통념은 참을 수 없이 따분해.

18 Reinhart Koselleck, *Zeitschichten, Studien zur Historik*, Frankfurt a. M. 2000, p. 192에서 재인용.

가장 행복한 인간은 자기가 신이고 아버지이고 아들이고 성령이라고 멋대로 상상할 수 있었던 사내였어."[19]

역사적 시간이 앞으로 질주**할 수 있는** 것은 시간이 내적 조화와 안정성을 잃었기 때문이고, 시간의 중심重心이 현재에 놓여 있지 않기 때문이다. 시간은 결코 머무름을 허용하지 않는다. 머무름은 전진의 과정을 지체시킬 따름이다. 시간을 **제어할** 지속성은 존재하지 않는다. 시간은 어떤 목표를 향해 나아가는 한에서만 유의미하다. 가속화의 의미도 여기에 있다. 그러나 시간이 중요한 의미를 지니고 있는 동안 가속화는 가속화로 느껴지지 않는다. 역사의 **의미**만이 사람들의 시야에 들어올 뿐이다. 가속화는 오직 시간에서 역사적 의미와 중요성이 소멸할 때만 가속화로서 지각된다. 가속화가 그 자체로서 주목의 대상이 되고 문제적으로 되는 것은 바로 시간이 무의미한 미래를 향해 휩쓸려가는 때뿐이다.

신화적 시간은 한 폭의 **그림**처럼 고요히 놓여 있다. 반면 역사적 시간은 일정한 목적을 향해 진행되는, 혹은 내달리는 **선**의 형태를 띤다. 이 **선**에서 서사적인 긴장 혹은 목적론적 긴장이 사라져버리면, 선은 방향 없이 **어지럽게 날아다니는 점들**로 흩어진다. 역사의 종언은 시간을 점의 시간으로 원자화한다. 신화는 이미 오래전에 역사에 밀려났다. 이에 따라 정적인 그림은 전진하는

---

19 Georg Büchner, "Dantons Tod," *Werke und Briefe*, München 1965, p. 58.

선으로 바뀌었다. 그런데 이제 **역사/이야기**Geschichte는 정보에 밀려나고 있다. 정보들은 서사적 길이나 폭을 알지 못한다. 정보들은 중심도 없고 방향성도 없으며, 우리에게 물밀 듯이 닥쳐온다. 정보에는 **향기가 없다.** 그 점에서 정보는 역사와 다르다. 보드리야르가 주장하는 바와는 달리, 정보와 역사의 관계는 점점 더 완벽해지는 시뮬라시옹과 원본, 또는 시뮬라시옹과 기원 사이의 관계 같은 것이 아니다.[20] 정보는 오히려 새로운 패러다임이라고 보아야 한다. 정보에는 완전히 다른 시간성이 내재되어 있다. 정보는 원자화된 시간, 즉 점-시간의 현상이다.

점들 사이에서는 필연적으로 공허가 입을 쩍 벌리고 있다. 아무 일도 발생하지 않는, 어떤 **센세이션**도 일어나지 않는 텅 빈 간극. 반면 신화적 시간이나 역사적 시간은 어떤 공허도 허용하지 않는다. 그림과 선에는 간극이 없기 때문이다. 단지 점들 사이에서만 비어 있는 사이공간이 생겨난다. 아무 일도 일어나지 않는 간극들은 권태의 원인이 된다. 그것은 때로 위협적으로 느껴질 수도 있다. 왜냐하면 아무 일도 일어나지 않는 곳, 의도가 무에

---

20 Jean Baudrillard, *Das Jahr 2000 findet nicht statt*, Berlin 1990, p. 18 참조. "스테레오 이전에 음악이었던 것을 우리는 결코 다시 들을 수 없고, 〔……〕 뉴스와 미디어 이전에 역사였던 것을 우리는 이제 결코 상상할 수 없다. (음악이나 사회적인 것 등의) 원천적 본질과 (무의식, 역사 등의) 원천적 개념은 사라져버렸다. 왜냐하면 이들은 더 이상 이들을 완벽하게 재현한 모델과 분리할 수 없기 때문이다. 〔……〕 우리는 역사가 기술적으로 완벽한 정보로 발전하기 전에 어떤 것이었는지 결코 알 수 없을 것이다. 〔……〕"

맞닥뜨리는 곳에는 바로 죽음이 있기 때문이다. 그리하여 점-시간은 비어 있는 간극을 제거하거나 단축하고자 하는 강박을 낳는다. 간극이 **오래 지속되지** 않도록(독일어로 지루함은 '오랜 지속 lange Weile'이다—역자) **센세이셔널한 일들**이 더 빨리 연달아 일어나게 하려는 시도가 이루어진다. 장면과 장면, 또는 사건과 사건의 연속이 히스테리적이라고 할 정도로 가속화된다. 이러한 가속화의 힘은 삶의 모든 영역을 지배한다. 원자화된 시간은 서사적 긴장이 없는 까닭에 사람들의 주의를 지속적으로 묶어두지 못한다. 그 대신 인간의 지각은 끊임없이 새로운 것, 또는 노골적인 것을 공급받는다. 점-시간은 사색적인 머무름을 허용하지 않는다.

원자화된 시간은 불연속적 시간이다. 그 무엇도 사건들을 서로 연결해주지 않으며, 따라서 어떤 연관성도 어떤 지속성도 정립되지 못한다. 그리하여 지각은 기대치 않은 것, 갑작스러운 것과 맞닥뜨리게 되고 거기서 불분명한 공포가 생겨난다. 원자화, 고립, 불연속의 경험은 또한 다양한 형태의 폭력을 유발하는 요인이 되기도 한다. 오늘날 연속성과 지속을 보장해주던 사회적 구조물들은 점차 허물어져간다. 원자화와 고립화의 경향이 사회 전반을 지배한다. 약속, 신의, 의무처럼 미래를 구속하고 하나의 지평으로 제한하여 지속성을 확립한다는 점에서 모두 시간 관행이라고 할 수 있는 그런 사회적 실천 양식들은 의미를 상실한다.

신화적 시간과 역사적 시간에는 모두 서사적 긴장이 있다. 사건들의 특수한 연결이 시간을 형성한다. 이야기는 시간에 향기를 불어넣는다. 반면 점-시간은 향기가 없는 시간이다. 시간은 지속성을 지닐 때, 서사적 긴장이나 심층적 긴장을 획득할 때, 깊이와 넓이를, 즉 공간을 확보할 때 향기를 내기 시작한다. 시간에서 모든 의미 구조와 심층 구조가 떨어져 나간다면, 시간이 원자화된다면, 평면화되고 희석되고 단축되어버린다면, 시간의 향기도 사라지고 만다. 시간을 붙드는, 붙들어 제어하는 닻이 완전히 떨어져 나가면, 시간은 안정성을 잃는다. 받침대에서 분리된 시간은 마구 내달리기 시작한다. 최근 많이 논의되고 있는 가속화는 생활세계의 다양한 변화를 촉발하는 원천적 과정이 아니라, 더 근원적인 문제의 징후 또는 파생적 과정일 뿐이다. 안정성을 잃어버린 원자화된 시간, 붙들어주는 어떤 중력도 없는 시간이 가져온 **결과**인 것이다. 시간은 내달려간다. 황급하게 마구 달려간다. 그것은 **존재의 본질적 결핍**을 만회하기 위해서이지만, 그런 목표는 이루어지지 못한다. 가속화만으로 **받침대**가 생겨나는 것은 아니기 때문이다. 가속화는 오히려 기존의 존재 결핍의 상태를 더욱 극명하게 부각시킬 따름이다.

역사의 속도

그의 삶은 서로 전혀 연결 고리가 없는
감각들의 불연속적 연쇄가 될 것이다.
— 드니 디드로

현대적 기술을 통해 인간은 땅에서 분리된다. 비행기와 우주선
은 인간을 지구의 중력에서 떼어놓는다. 인간이 땅에서 멀어질수
록, 땅은 더 작아진다. 인간이 땅 위에서 빨리 움직일수록 땅은
그만큼 줄어든다. 지상의 거리를 극복할 때마다 인간과 땅 사이의
거리는 커져간다. 그리하여 인간은 땅에 대해 소원해진다. 인터넷
과 전자우편은 지리를, 아예 땅 자체를 증발시킨다. 전자우편에는
발송지를 알려주는 식별 표시가 없다. 전자우편은 무공간적이다.
현대적 기술은 인간의 삶을 땅에서 **소외시킨다**entterranisieren. 하이
데거의 "토착성Bodenständigkeit" 철학은 인간을 땅으로 **되돌리고**
reterranisieren **재소여화**refaktifizieren하려는 시도이다.

보드리야르는 역사의 종언을 가속화의 힘에 의해 지구의 중력

을 벗어나는 물체의 이미지로 설명한다. "이 이미지를 가지고 다음을 상상해볼 수 있다. 우리는 근대의 가속화, 기술의 가속화, 사건과 매체의 가속화, 모든 경제적, 정치적, 성적 교환 행위의 가속화로 인해 엄청난 해방의 속도 속에 던져졌고 그 속도에 의해 실재와 역사의 준거틀 밖으로 튕겨져 나온 것이다."[21] 보드리야르에 따르면, 사건들이 역사로 응고되고 응축되려면 "어느 정도의 느림"이 필요하다. 가속이 붙은 물체라는 보드리야르의 이미지는 바로 가속화야말로 역사의 종언을 가져온 장본인이며 임박한 의미 상실의 원인이라는 결론으로 쉽게 이어진다. 이 '설득력 있는' 가설에 따르면 가속화의 영향 속에서 사물들은 의미를 부여하는 준거틀 밖으로 내던져져 파편들로, 각자 고립된 실재의 조각들로 해체된 뒤, 의미가 사라진 진공 속에서 어지럽게 날아다닌다는 것이다. 그 원천을 파악할 수 없는 엄청난 동력학적 에너지에 의해 사물들은 본래의 공전궤도, 즉 의미 연관에서 떨어져 나온다. "물체를 본래의 공전궤도에 붙잡아두는 이러한 중력의 작용 범위를 벗어나면서 모든 의미-원자는 우주 속으로 사라진다. 모든 원자는 무한에 이르기까지 각자의 길을 가면서 우주 속에서 소멸하는 것이다. 바로 이것이 모든 물체를, 모든 뉴스와 과정을 온갖 가능한 방향으로 가속화하려고 노력하는 오늘의 사

---

21 Jean Baudrillard, *Die Illusion des Endes oder Der Streik der Ereignisse*, Berlin 1994, p. 9.

회 속에서 우리가 경험하고 있는 바이다. 〔……〕 모든 정치적, 역사적, 문화적 사실은 동력학적 에너지를 부여받고 본래의 공간에서 이탈하여 모든 의미를 소멸시키는 하이퍼 공간 속으로 휩쓸려든다. 〔……〕"[22] 가속화의 영향으로 사방에 내던져져 주위의 의미 연관에서 떨어져 나오는 원자의 이미지는 실상에 완전히 부합하는 것은 아니다. 그것은 가속화와 의미 상실 사이에 일방적인 인과관계가 있다는 암시를 준다. 물론 가속화와 의미의 부재 사이에 일정한 상호작용이 있다는 점은 의심의 여지가 없다. 하지만 "사물들이 일정한 공전궤도 위에서 서로에 대해 일정한 관련을 가지고 있었는데 그 궤도가 어떤 분자가속기에 의해 파괴되었다"는 가정은 문제가 있다.

가속화는 의미의 소멸을 설명하는 유일한 가능성이 아니다. 완전히 다른 장면도 생각해볼 수 있다. 사물들을 확고한 공전궤도에 붙들어두던 지구의 중력이 서서히 사라진다. 사물들은 그 의미 연관에서 풀려나와 방향을 잃고 부유하거나 어지럽게 날아다닌다. 외부의 관점에서는 이 광경이 마치 사물들이 가속화의 힘으로 지구의 중력을 벗어나는 것처럼 보일 수도 있지만, 실제로 사물들은 **의미의 중력**이 없기 때문에 땅에서 이탈하고 서로에게서 멀어지는 것이다. "의미의 원자"에 관한 이야기도 오해의 여지가

---

22 같은 책, p. 10.

있다. 왜냐하면 의미란 원자적인 것이 아니기 때문이다. 원자는 오직 무의미한 폭력의 원천이 될 수 있을 뿐이다. 중력의 소멸로 인해 비로소 사물들은 의미가 사라진 원자로 고립된 것이다. 과거에 공전궤도가 사물들을 하나의 의미 연관 속에 묶어두었지만, 이제 사물들은 더 이상 그러한 공전궤도에 머무르지 못한다. 그래서 사물은 붕괴되어 원자로 쪼개지고 무의미한 "하이퍼 공간" 속을 윙윙 날아다니게 되는 것이다. 이때 의미의 소멸은 "해방의 속도"가 사물들을 "실재와 역사의 준거틀" 밖으로 내동댕이치기 때문이 아니라, 중력이 부재하거나 약하기 때문에 오는 현상이다. 중력의 부재는 존재의 새로운 조건, 새로운 구도를 만들어낸다. 우리는 오늘날 일어나고 있는 다양한 현상을 이러한 조건과 구도로 소급하여 이해할 수 있는데, 가속화도 **그러한 현상 가운데 하나일 뿐**이다. 사물에 하나의 방향, 즉 하나의 의미를 제공하는 공전궤도의 소멸은 가속화와는 반대되는 현상, 즉 사물의 정지에 대한 원인으로도 볼 수 있다. 보드리야르 자신도 가속화뿐만 아니라 느림 또한 역사의 종언으로 귀결될 수 있을 거라고 지적한다. "물질은 시간의 흐름을 늦춘다. 좀더 정확히 말하면, 시간은 밀도가 큰 물체의 표면에서 더 천천히 흐르는 것처럼 보인다. 〔……〕 이런 대중, 태만한 사회적 물질은 교통과 정보와 의사소통이 너무 적기 때문이 아니라 반대로 환적장換積場이 너무 많고 정보가 넘쳐나기 때문에 생겨난다. 대중은 도시와 시장과 메시지와 유통의 과밀화에서 생겨나는 것이다. 대중은 사회의 차가운 별이며, 이 대중의 주위로 역사는 식어간다. 〔……〕 결국 역사는 정지하고 꺼져버릴 것이다. 무한한 밀도의 물질에 닿은 빛과 시간이 그러하듯이."[23] 여기서 보드리야르는 역사의 종언을 다시 속도의 문제와 연결한다. 사회적, 경제적 순환이 지나치게 빨라지거나 지나치게 느려질 때 역사는 소멸하고 만다. 즉 역사 또는 의미의 생산은 교환과정이 적정한 속도로 진행될 것을 전제한다. 교환과정은 너무 느려도 안 되고 너무 빨라도 안 된다. 과도한 속도는 의미를 흩뜨려놓는다. 반대로 속도가 너무 낮으면 길이 막혀서 모든 움직임이 질식하게 된다.

하지만 실제로 역사는 사회적, 경제적 교환과정의 속도 변화에 대해 특별히 민감하지 않다. 속도라는 요인 하나가 역사적 의미 생산에 대해 그다지 큰 영향을 미칠 수 있는 것은 아니다. 오히려 공전궤도가 안정성을 잃고 중력이 사라져간다는 사실이 시간적 혼란이나 동요를 초래한다. 그런 혼란과 동요의 현상에는 **빨라지는 것뿐만 아니라 느려지는 것도** 포함된다. 사물들이 가속화되는 것은 이들을 지탱해주는 것이 없기 때문이고, 아무것도 이들을 안정적인 공전궤도에 붙들어주지 못하기 때문이다. 공전궤도의 특징은 선택적으로 작용한다는 점에 있다. 즉 특정한 사물만

---

23 Jean Baudrillard, *Das Jahr 2000 findet nicht statt*, pp. 11 이하.

이 그 궤도에 붙잡혀 있을 수 있다. 궤도는 좁기 때문이다. 그런데 역사의 서사적 궤도가 완전히 붕괴되면 사건과 정보의 대량화라는 결과도 함께 초래된다. 모든 것이 현재 속으로 밀려든다. 그리하여 현재 안에서 속도를 늦추는 정체 현상이 빚어진다. 이러한 정체 현상은 가속화의 효과가 아니다. 다름 아니라 선택 작용을 하는 궤도의 소멸이 사건과 정보의 대량화를 가져오는 것이다. 보드리야르는 역사의 종언이 가속화뿐만 아니라 감속화와도 연관되어 있음을 인식하기는 했다. 하지만 그는 속도를 의미 상실의 직접적인 주범으로 지목한다. 보드리야르 외에도 많은 사람들이 간과하고 있는 것은 가속화와 감속화가 동일한 심층적 과정에서 나온 상이한 현상일 뿐이라는 사실이다. 그리하여 정지 상태 역시 전반적인 가속화의 결과 가운데 하나라는 잘못된 가정이 나온다. "사회적 가속화와 사회의 고착화라는 시대 진단은 서로 대단히 모순적인 듯하지만, 사실 얼핏 보기에만 상반되는 것으로 여겨질 뿐이다. 두 진단은 질주하는 정지 상태라는 인상적인 은유를 통해 〔……〕 질주하는 사건의 역사가 정지를 〔……〕 낳는다는 포스트히스토리에 관한 진단으로 명확하게 종합된다."[24] 이러한 의심스러운 테제에 따르면 감속화와 정지 상태는 "가속화 과정 자체의 내적 요소이며 내재적 보완 원리이다."[25] 여기서 "가속

24 Hartmut Rosa, *Beschleunigung*, p. 41.
25 같은 책, p. 153.

화와 운동에서 응고와 정지 상태로의 변증법적 전환"[26]이라는 잘
못된 공준이 수립된다. 모두가 동시에 달려 나가려 하고 모든 스
위치가 동시에 작동되기 때문에 정지 상태에 이르게 된다는 가정
은 잘못이다. 정지 상태는 가속화 과정의 "이면"이 아니다.[27] 정
지 상태의 원인은 운동과 행위의 가속화에 있는 것이 아니라 **어
디로 가는지 더 이상 알 수 없다**는 상황에 있다. 바로 이러한 방향
의 부재가 언뜻 보기에 상반되는 듯한 현상, 즉 가속화와 정지
상태를 초래하는 것이다. 이들은 한 동전의 양면이다.

　전반적인 탈시간화는 의미를 형성하던 시간적 매듭, 종결, 문
턱, 이행 등의 소멸을 가져온다. 시간이 예전보다 빨리 흘러간다
는 느낌도 뚜렷한 시간의 분절이 존재하지 않기 때문에 생겨나는
것이다. 이러한 느낌은 사건이 깊은 인상을 남기지 못한 채, 즉
경험이 되지 못한 채 빠르게 다음 사건으로 넘어가버리는 까닭에
더욱더 강화된다. 중력의 부재로 인해 사물들은 슬쩍 스쳐 지나
갈 뿐이다. 아무것도 무게를 지니지 않는다. 아무것도 **결정적**ein-
schneidend이지 않다. 아무것도 최종적이지 않다. 어떤 결정적 단
락Einschnitt도 생겨나지 않는다. 더 이상 무엇이 중요한지 결정할

26　같은 책, p. 479.
27　같은 책, p. 87 참조. "정지 상태의 경험은 변화와 행위의 속도가 고조되고 있다는
　　느낌과 동시에 등장할 뿐만 아니라 보충적인 경험으로서 높은 속도에 대한 경험의
　　이면을 이루고 있는 것처럼 보인다."

수 없다면, 모든 것이 중요성을 잃어버리고 만다. 등가의 연결 가능성들이 차고 넘치기 때문에, 즉 더 나아갈 수 있는 방향이 너무나 많기 때문에, 어떤 일이 완결되는 경우는 드물다. 완결은 구조화된 유기적 시간을 전제한다. 반면 무한의 열린 과정 속에서는 그 무엇도 완결되지 못한다. 미완성이 항상적 상태가 된다.

많은 가속화의 이론들, 가속화가 근대의 중심적 추동력이라고 선언하는 이론들은 의심스럽다. 그런 이론을 내세우는 이들은 도처에서 속도가 빨라지고 있다고 추측한다. 그들은 근대 문학에서도 점점 속도가 빨라지는 현상이 확인된다고 믿는다. 이는 구조적 층위에서 서술 속도의 증가로 나타난다. "시간은 소설의 진행과 함께 점점 더 빨리 흘러간다. 그래서 동일한 수의 페이지가 책의 시작 부분에서는 불과 몇 시간 동안의 일을 다루다가 그다음에는 며칠을, 결국에는 몇 주일을 커버한다. 그러다가 마지막 부분에 가서는 몇 달, 몇 년이 몇 페이지도 안 되는 분량 속에 우겨넣어진다."[28] 서술의 속도가 점차 빨라진다는 가정은 부분적이고 일면적인 관찰에서 나온다. 서술 속도의 증가는 역설적이게도 정지 상태에 근접하는 서술 속도의 감소와 함께 일어난다. 가속화와 감속화는 모두 **서사적 탈시간화**라는 공동의 뿌리에서 유래한다. 양자는 동일한 과정의 상이한 발현이다. 그런데 가속화에 초

---

28 Hartmut Rosa, *Beschleunigung*, p. 78.

점을 맞추고 나면, 정지 상태와 감속화의 형태로 발현되는 과정
은 아예 가려지고 만다.

탈시간화로 인해 서사의 진전은 불가능해진다. 서술자는 중요
한 것과 중요하지 않은 것을 **구별**할 수 없기 때문에 극히 사소하
고 하찮은 사건에도 오래 머무르게 된다. 이야기는 구분과 선별
을 전제한다. 미셸 뷔토르의 소설 『시간표 L'emploi du temps』는 시
간의 위기이기도 한 서사의 위기를 눈앞에 보여준다. 느린 서술
의 원인은 서술자가 의미를 형성하는 경계와 단락에 따라 사건을
구조화할 수 없다는 데 있다. 선별 작용을 하는 서사 궤도의 부
재로 인해 서술자는 무엇이 중요한지 결정할 수 없다. 이야기는
완전히 박자를 잃고 혼란에 빠진다. 이야기의 타성惰性과 조급성
은 모두 서사적 긴장의 부재를 드러내는 징후다.[29] 이야기는 완
급의 조화로운 교체를 가능하게 해줄 리듬을 찾지 못한다. 서사
적 리듬은 닫힌 시간을 전제한다. 시간의 분산은 사건들을 모아
서 하나의 완결된 전체로 묶어낼 가능성을 제거하며, 이는 시간
적 비약과 동요로 귀결된다. 사건들의 무질서한 더미는 서술 속
도를 **높이기도 하고 낮추기도 한다.** 사건들의 더미가 현재 속으로
밀려들면, 서술은 마구 내달려가기 시작한다. 반면에 사건들이
전반적인 무관심과 무차별 속을 부유하면, 서술의 걸음걸이는 둔

---

29 Jochen Mecke, *Roman–Zeit. Zeitformen und Dekonstruktion des französischen
  Romans der Gegenwart*, Tübingen 1990 참조.

중해진다. 사건들의 더미를 지배하지 못하는 서술은 방향감각을 상실하고 완전히 박자를 잃고 만다. 박자의 부재가 서술을 더 빨라지게도 하고, 더 느려지게도 한다.

탈시간화는 모든 서사적 긴장을 소멸시킨다. 이야기되는 세계 속의 시간은 단순한 사건들의 연대기로 해체되어버린다. 사건들은 이야기되기erzählt보다는 나열된다aufgezählt. 사건들은 자체 정합적인 그림으로 응축되지 않는다. 이처럼 서사적 종합을 이룰 수 없다는 것, 이는 또한 시간적 종합을 이룰 수 없다는 의미이기도 하거니와 여기서 동일성의 위기가 발생한다. 서사적 긴장의 활이 사라지자 이야기를 의미 있게 완결하는 것도 불가능해진다. 이야기는 대롱대롱 매달려 사건에서 사건으로 끝없이 옮겨가지만, 전진하지는 못한다. 즉 영영 어딘가에 도착하지는 못하는 것이다. 이야기는 오직 갑작스레 중단될 수 있을 뿐이다. 불시의 중단이 의미 있는 종결을 대체한다. 『시간표』에서는 출발이 그 계기를 제공해준다. 이야기는 불시에 중단된다. "(……) 그리고 나는 더 이상 2월 29일 저녁에 무슨 일이 일어났는지 적어둘 시간조차 없다. 내가 네게서, 블레스통, 죽음과의 싸움 속에 있는 블레스통, 내가 지펴 올리는 불꽃의 도시에서 멀어질수록, 내 기억에서 사라질 이 저녁의 일을, 2월 29일과 관련해서 내게 그토록 중요하게 여겨졌던 일을 적어둘 시간이 없는 것이다. 큰바늘이 수직선에 도달했으니까, 이제 내 출발 시간이 이 마지막 문장을 끝내니까."[30]

30 Michel Butor, *Der Zeitplan*(H. Scheffel 역), München 1960, p. 349.

행진의 시대에서 난비亂飛의 시대로

> 인간에게 언젠가 나는 것을 가르쳐주는 사람은
> 이로써 모든 경계석을 제자리가 아닌 곳으로 옮겨놓은 셈이다.
> 아니 모든 경계석 자체가 그에게서 떠나
> 허공으로 날아가 버리리라.
> 그리고 그는 땅을 새롭게 명명할 것이다. '가벼운 것'이라고.
> ─프리드리히 니체

　지그문트 바우만에 따르면, 근대의 인간은 사막 같은 세계를 헤매고 다니는 순례자이다. 그러면서 인간은 무형의 것에 형태를, 에피소드적인 것에 연속성을 부여하고 파편적인 것에서 하나의 전체를 만들어낸다.[31] 근대의 순례자는 계획을 향한 삶을 실천한다. 그의 세계는 "일정한 방향"[32]을 취하고 있다. 바우만의 "순례자"라는 표현은 근대의 인간에게 꼭 들어맞는 것은 아니다. 왜냐하면 순례자는 이 세상에서 스스로를 이방인으로 느끼기 때문이다. 그에게 **여기**는 자기 집이 아니다. 그래서 그는 언제나 **저기**

31　Zygmunt Bauman, *Flaneure, Spieler und Touristen. Essays zu postmodernen Lebensformen*, Hamburg 1997, p. 140.

32　같은 책, p. 142.

를 향해 가는 중이다. 근대에서는 바로 이러한 여기와 저기의 차이가 사라진다. 저기가 아니라 더 나은 여기, 다른 여기를 향해 근대의 인간은 나아간다. 반면 순례자는 여기 안에서의 전진이라는 것을 알지 못한다. 게다가 그의 길은 질서도 없고 안전하지도 못하다. 불확실하고 안전하지 못하다는 것은 바로 사막의 속성이다. 주어진 길을 따르는 순례자와는 반대로 근대의 인간은 스스로 길을 개척한다. 따라서 그는 차라리 어떤 목표를 향해 행진하는 병사나 노동자에 가깝다. 순례자는 소여의 상태 속에 던져져 있다. 반면 근대의 인간은 자유롭다.

근대는 탈소여와 자유의 시대이다. 근대는 신이라는 이름의 '던지는 자Werfer' 또는 '기투자Entwerfer'에 의해 초래된 피투성의 상태에서 해방된다. 탈소여와 세속화의 바탕에는 동일한 전제가 놓여 있다. 인간은 세계를 제작 가능한 대상으로서 대면하고 있는 역사의 주체로 승격된다. 반복은 제작으로 대체된다. 자유는 소여성에 의해 규정되지 않는다. 반면 전근대의 인간은 주어진 길, 마치 천체의 공전궤도처럼 영원히 반복되는 길을 따라 걸어갈 뿐이다. 전근대의 인간은 자기 앞에 놓인 일들을 주어진 것으로 받아들이고 감내한다. 그는 그 속에 던져진 존재이다. 전근대의 인간은 소여와 반복의 인간이다.

근대는 더 이상 신학적 이야기를 토대로 하지 않는다. 하지만 세속화가 세계의 탈서사화로 귀결되는 것은 아니다. 근대는 여전히 서사적이다. 근대는 역사의 시대이며, 이때 역사란 진보와 발전의 역사를 의미한다. 구원에 대한 희망은 초월적 세계에서 지상의 세계로 돌려진다. 구원은 다가오는 미래에 있다. 진보나 자유의 이야기는 시간 자체에 의미와 중요성을 부여한다. 목표가 미래에 이루어질 것이라면, 가속화는 유의미하고 바람직한 일이 아닐 수 없다. 가속화는 무리 없이 이야기 속에 편입된다. 그리하여 기술의 진보는 거의 종교적인 이야기로 채색된다. 그것은 미래의 구원에 더 빠르게 도달하도록 해주어야 한다. 예컨대 철도는 기다려지는 미래를 더 빠르게 현재로 가져올 타임머신으로 신성시되는 것이다. "철길 위를 우리의 세기가 찬란히 빛나는 미래를 향해 굴러간다. 우리는 그 위를 달릴 때 물리적 공간보다 더 빨리, 폭풍 같은 속도로 정신적인 길을 날아간다! 그리고 쌩쌩 달리는 거대한 증기 열차가 하룻강아지 범 무서운 줄 모르고 길에 버티고 있는 외부 장애물을 짓부숴버리듯이, 희망컨대 편견과 혐오를 품은 자들이 시도하는 모든 정신적 저항도 증기 열차에 의해 짓부숴질 것이다. 개선 행진을 하는 증기 열차는 아직 초기 단계이고 그래서 천천히 굴러가고 있을 뿐이다! 오직 이 때문에 열차를 막을 수 있을 거라는 터무니없는 희망이 일어나는 것이다. 그러나 폭풍의 날개는 점점 열차의 속도를 키워가고, 그 운명의 바퀴살을 막아보려고 덤벼드는 자들을 제압할 것이다!"[33]
『브로크하우스 백과사전』의 저자는 스스로 결정하는 인간이라는 궁극의 목적을 기술적 진보와 연결시킨다. 철도는 인류의 신성한 목적을 앞당겨 실현해줄 가속화 기계이다. "물론 역사의 흐름은 이미 진정 신적인 이러한 목적을 향해 있었다. 하지만 질풍처럼 빠르게 굴러가는 기차의 바퀴를 타고 역사는 그 목표 지점에 수세기는 더 빨리 도달할 것이다." 구원 이야기로서의 역사는 세속화의 물결 속에 사라지지 않고, 지상에서 이루어질 진보의 역사라는 형태로 계속 이어진다. 종교적인 구원에 대한 기대를 행복과 자유에 대한 현세적 희망이 대신하는 것이다.

근대의 지향은 앞으로 쏘기Projektieren이다. 근대는 목적 지향적이다. 근대의 걸음걸이는 목표를 향한 행진이다. 유유자적한 태도로 걷는 것, 정처 없이 떠도는 것은 근대의 본질과 어울리지 않는다. 근대의 인간이 순례자와 공유하는 것은 오직 결연함뿐이다. 결정적인 것은 그 결연한 발걸음들을 일치시키고, 더 빨라지도록 재촉해야 한다는 점이다. 바로 진보의 목적론, 즉 현재와 미래 사이의 차이가 가속화의 압력을 낳는다. 그렇게 본다면 가속화는 근대의 전형적 현상이다. 근대는 단선적 과정을 전제한다. 확인 가능한 목표점이 없는 무방향의 운동의 경우, 가속화된다고 해서 어떤 새로운 변화도 일어나지 않는다.

목적론의 부재로 인해 후근대, 즉 포스트모던의 시대에는 완전

---

33 *Conversations-Lexikon der Gegenwart*, "Eisenbahnen," Bd. 1, p. 1136.

히 다른 운동 형식과 걸음걸이가 나타난다. 전부를 포괄하는 지
평, 모든 것을 지배하는 목적, 모두가 그리로 행진해야만 하는
목표지점 같은 것은 존재하지 않는다. 그리하여 지그문트 바우만
은 산책과 유랑을 후근대의 특징적 걸음걸이로 부각시킨다. 그러
니까 근대적 순례자의 후예는 산책자와 방랑자인 것이다. 하지만
오늘의 사회에서는 산책의 유유함도, 떠도는 듯한 방랑자의 경쾌
함도 찾아보기 어렵다. 조급함, 부산스러움, 불안, 신경과민, 막
연한 두려움 등이 오늘의 삶을 규정한다. 사람들은 유유자적하며
이리저리 돌아다니는 것이 아니라, 이 사건에서 저 사건으로, 이
정보에서 저 정보로, 이 이미지에서 저 이미지로 황급히 이동한
다. 이렇게 조급하고 안절부절못하는 태도는 산책자나 방랑자의
특징이 아니다. 의심스럽게도, 바우만은 산책과 재핑zapping(리
모컨으로 여러 채널을 이리저리 돌아다니기—역자)을 거의 동일시
하고 있다. 이들은 모두 후근대의 자유로움과 무책임성을 표현해
준다는 것이다. "궁극적인 자유는 화면의 연출 아래 놓이며, 표
면들과 함께하는 가운데 체험되니, 그 이름은 재핑이다."[34] 이 대
목의 바탕에 놓인 자유 개념은 대단히 심각한 문제를 지니고 있
다. 자유롭다는 것은 단순히 구속되어 있지 않거나 의무에 묶여
있지 않다는 것을 의미하지 않는다. 자유를 주는 것은 해방이나

---

34 Zygmunt Baumann, *Flaneure, Spieler und Touristen*, p. 153.

이탈이 아니라 편입과 소속이다. 그 무엇에도 연결되어 있지 않은 상태는 공포와 불안을 불러일으킨다. 자유롭다frei, 평화Friede, 친구Freund와 같은 표현의 인도게르만어 어원인 'fri'는 '사랑하다'라는 뜻이다. 그러니까 자유롭다는 것은 본래 '친구나 연인에게 속해 있는'이라는 뜻이다. 인간은 바로 사랑과 우정의 관계 속에서 자유를 느끼는 것이다. 묶여 있지 않음으로 해서가 아니라 묶여 있음으로 해서 자유로워진다. 자유는 가장 전형적인 관계적 어휘다. **받침대** 없이는 자유도 없다.

오늘의 삶은 받침대가 없는 까닭에 쉽게 발걸음을 내딛지 못한다. 시간의 분산은 삶의 균형을 깨뜨린다. **삶은 어지럽게 날아다닌다.** 개인의 시간 살림살이에서 짐을 덜어줄 안정적인 사회적 리듬과 박자가 더 이상 존재하지 않는다. 모두가 자신의 시간을 독립적으로 규정할 수 있는 것은 아니다. 시간의 흐름이 점점 더 다양화되는 경향이 개개인을 과도한 부담으로 짓누르고 과민 상태로 몰아간다. 따라야 할 시간 규정이 사라진 결과, 자유가 증가하는 것이 아니라 방향 상실 상태가 초래된다.

후근대에서 시간의 분산은 단순히 삶과 생산과정의 가속화가 더욱 첨예해진 탓으로만 설명할 수 없는 패러다임 전환의 결과이다. 본래 가속화란 **근대** 특유의 현상이다. 가속화는 단선적이고 목적론적인 발전과정을 전제하기 때문이다. 근대 이래 가속화가 전체 사회구조의 변화를 초래한 주요 동력이라고 주장하며 후근대의 구조 변화를 가속화의 논리로 설명하려고 시도하는 이론은 잘못된 가정 위에 세워져 있다. 가속화의 드라마는 지난 몇 세기의 현상이다. 가속화는 특정한 서사와 연결되어 있다는 점에서 일종의 드라마라고 할 수 있다. 세계의 탈서사화는 가속화된 전진의 드라마를 해체하여 방향을 상실한 난비亂飛로 만들어버린다. 가속화의 드라마는 무엇보다도 사건과 정보의 전달 속도가 광속에 도달함으로써 종언을 고한다.

생산과 교환과정의 가속화에 기여한 근대의 특징적 사회조직 형태가 오히려 가속화에 걸림돌이 되면서 후근대의 조직 형태로 대체된다는 가정 또한 잘못된 것이다. "가속화의 역동적 힘은 그 힘이 더 발전하고자 하는 요구에 따라 필요한 제도적 장치와 실천 형식을 스스로 만들어내고, 그렇게 해서 낼 수 있는 속도의 한계에 도달한 뒤에는 이들을 다시 파괴하는 것처럼 보인다. 이런 관점에서 본다면 **속도의 증가**야말로 (근대) 역사를 추진하는 진짜 동력으로 나타난다."[35] 이러한 테제에 따르면, 예컨대 근대에 교환과정을 활성화하는 데 기여한 개인의 안정적 정체성은 일정한 속도를 넘어서면서부터는 유연성의 부족을 드러내며 파기되고 만다. 따라서 여러 사회제도의 해체, 사회조직의 원자화 등, 후근대에 일어나고 있는 모든 사회적 구조의 변화는 근대적

---

35 Hartmut Rosa, *Beschleunigung*, pp. 157 이하.

가속화 과정의 강화가 초래한 직접적 결과라는 것이다. 따라서 "근대는 시간 구조적 이유로 인해 사실상 특정한 의미에서 후역사적인, 따라서 후정치적이라고 할 수 있는 단계로 이행 중에 있다"[36]고 가정된다. 이러한 의심스러운 테제에 따르면, 후근대의 탈서사화 과정은 오직 삶의 과정과 생산과정의 가속화가 강화된 탓이다. 하지만 사실은 시간적 중력의 부재가 삶에서 균형을 빼앗고 혼란을 초래한 것이다. 삶이 완전히 리듬을 상실할 때 시간적 감각의 교란이 일어난다. 이런 탈서사화의 증상 가운데 하나는 삶이 가속화된다는 막연한 느낌이다. 사실 아무것도 빨라지지 않았는데 말이다. 좀더 정확히 말하자면 그것은 마구 쫓기는 상태에서 생겨나는 감정일 뿐이다. 진정한 가속화는 방향성 있는 과정을 전제한다. 하지만 탈서사화는 방향이 없는 운동, 가속화에 무관심한 난비를 낳는다. 서사적 긴장이 소멸해버린 결과, 사건들은 더 이상 서사적 궤도에 조종되지 않고 방향을 상실한 채 어지러이 날아다닐 뿐이다.

끊임없이 새로 출발해야 하고, 계속해서 새로운 옵션, 새로운 버전을 선택해야 하는 상황에서 사람들은 삶이 빨라졌다는 인상을 받을 수도 있을 것이다. 하지만 그것은 사실 지속성에 대한 경험을 하지 못하는 데서 오는 느낌일 뿐이다. 연속적으로 진행

---

36 같은 책, p. 328.

되고 서사적 논리에 의해 규정되는 어떤 과정이 가속화된다면, 그것은 좀처럼 가속화로 느껴지지 않을 것이다. 그러한 가속화는 대체로 과정이 가지는 서사적 중요성 속에 흡수되므로, 사람들은 이를 별다른 장애나 부담으로 받아들이지 않게 된다. 시간이 과거보다 훨씬 더 빨리 간다는 인상 또한 오늘날 사람들이 머무를 줄 모르게 되었다는 것, 지속의 경험이 대단히 희귀한 것이 되어버렸다는 사정에서 비롯된다. 쫓긴다는 느낌이 '놓쳐버릴지 모른다는 불안'에서 생겨난다는 것도 잘못된 가정이다. "(가치 있는) 뭔가를 놓쳐버릴 수 있다는 불안과 그런 불안에서 벗어나기 위해 삶의 속도를 더 높여보고자 하는 소망은 [……] 근대에 발달해온 문화 프로그램의 결과이다. 이 문화 프로그램의 핵심은 세계의 가능성들을 더 빠르게 맛봄으로써—다시 말해 체험 속도의 증대를 통해—각자의 삶을 더 충만하게 만들고 더 풍부한 체험으로 채워가는 것, 바로 그렇게 해서 '좋은 삶'을 실현하고자 하는 것이다. 이러한 생각 속에 가속화가 약속하는 문화적 희망이 담겨 있다. 그 결과 주체들은 더욱더 빨리 살려고 하게 된다."[37] 그런데 현실은 이와 정반대다. 더 빨리 살려고 시도하는 사람은 결국 죽기도 더 빨리 죽고 만다. 삶을 더욱 충만하게 만드는 것은 사건들의 수가 아니라 지속성의 경험이다. 사건들이 빠르게 연달

---

37 같은 책, p. 218.

아 일어나는 상황에서 지속적인 것은 싹트지 못한다. 충족과 의미는 양적인 논리로 설명되지 않는다. 긴 것과 느린 것이 없이 빠르게 산 삶, 짧고 즉흥적이고 오래가지 않는 체험들로 이루어진 삶은 "체험 속도"가 아무리 빠르다 한들 그 자체 **짧은** 삶일 뿐이다.

미래의 걸음걸이는 어떤 모습일까? 순례의 시대나 행진의 시대는 돌이킬 수 없는 과거가 되었다. 인간은 짧은 난비의 단계를 넘기고 다시 **걷는 자**Geher로서 땅 위로 돌아올 것인가? 또는 땅의 무거움, 노동의 무거움을 아예 벗어던지고 가벼운 유영을, 유영하는 듯 느긋한 방랑을, 그러니까 **부유하는 시간의 향기**를 발견할 것인가?

현재의 역설

일어날까?—아니, 일어나지 않는다.—그래도 뭔가가
오는 중인데.—그것은 기다리는 중이다. 모든 도래를
세워놓고 그 자리에 내버려두는 기다림 속에.
—모리스 블랑쇼

정념의 위상학 속에는 간격과 문턱이 있다. 간격과 문턱은 망
각과 상실, 죽음과 공포와 불안의 영역이지만, 또한 동경과 희
망, 모험, 약속과 기대의 영역이기도 하다. 많은 점에서 간격은
괴로움과 고통의 원천이다. 기억은 있었던 것을 망각에 빠뜨리는
시간과 맞서 싸울 때 정념이 된다. 그렇게 본다면 프루스트의 시
간 소설은 정념의 이야기다. 고대하는 미래에서 현재를 떼어놓는
시간적 간격이 기약 없이 늘어질 때 기다림은 정념이 된다. 고대
하는 것, 약속된 것의 출현, 즉 최종적 소유의 순간, 최종적 도
래의 순간이 지연될 때 기다림은 괴로움을 낳는다.

시간적 간격은 두 개의 상태, 또는 두 개의 사건 사이에 펼쳐
진다. 그 사이의 시간은 이행의 시간으로서, 이때 인간은 어떤

특정한 상태에도 속하지 못한다. 이러한 어중간함은 무엇으로도 규정되지 않는다. 불확정성이 과다해지면 불안과 두려움의 감정, 즉 문턱의 감정이 생겨난다. 미지로의 이행은 불안과 두려움을 불러일으킨다. 머뭇거림은 문턱에서의 걸음걸이다. 수줍음도 문턱의 감정에 속한다. 출발과 도착을 분리하는 사이의 시간은 예측 불가능한 일이 일어날 것을 예상해야 하는 불확실한 시간이다. 하지만 그 시간은 동시에 희망의 시간, 기대의 시간, 도착을 준비하는 시간이기도 하다.

출발지와 목적지를 갈라놓는 길 또한 일종의 간격이다. 길은 **장소** 자체만큼이나 풍부한 의미론을 자랑한다. 예컨대 순례의 길은 가능한 한 빨리 지나버려야 할 텅 빈 사이공간이 아니다. 순례의 길은 오히려 도달해야 하는 목표 자체의 일부를 이룬다. 이때 길 위에 있다는 것은 많은 의미를 지닌다. 걷기는 참회, 또는 치유, 감사를 의미한다. 그것은 일종의 기도이다. 순례의 길은 단순한 통로Durchgang가 아니라 **저기**로 건너가는 길Übergang이다. 시간적인 관점에서 순례자는 구원이 약속된 미래로 가는 길위에 있다. 그런 점에서 그는 **관광객**이 아니다. 관광객의 사전에 **건너감**이란 없다. 관광객에게는 모든 곳이 **여기요 지금이다.** 그는 진정한 의미에서 **길 위에 있다**고 할 수 없다. 길은 **볼거리**가 없는 공허한 통로로 전락하고 만다. 모든 곳이 여기와 지금이 됨에 따라 사이공간은 헐벗고 모든 의미를 상실한다. 건너가는 경험은 매우 희소해졌다. 그것이 오늘날 경험의 특징적인 점이다.

우리가 전적으로 목표에만 집중한다면, 목표 지점에 이르는 공간적 간격은 그저 최대한 빨리 극복해야 할 장애물에 지나지 않을 것이다. 순전히 목표 지향적인 태도는 사이공간의 의미를 파괴한다. 이로써 사이공간의 의미는 독자적인 가치라고는 전혀 없는 복도로 축소된다. 가속화는 사이공간의 극복에 필요한 사이시간을 완전히 없애버리려는 시도이다. 이에 따라 길의 풍부한 의미는 사라진다. 길에서는 더 이상 향기가 나지 않는다. 아니, 길 자체가 아예 사라진다. 가속화는 세계의 의미론적 빈곤을 초래한다. 공간과 시간은 더 이상 많은 **의미**를 지니지 못한다.

시공간적 간격이 오직 상실과 지체라는 부정적 측면으로만 느껴질 때 사람들은 그것을 완전히 없애버리려고 노력하게 된다. 전자 저장 장치나 다른 기술적 가능성은 망각을 초래하는 시간적 간격을 제거한다. 이들은 지나간 것을 순식간에 호출하여 써먹을 수 있게 해준다. 즉각적인 접근이 불가능한 영역이 있어서는 안 된다. 즉시성의 실현에 방해가 되는 간격은 제거된다. 전자우편은 공간적 간격으로서의 길을 완전히 지워버림으로써 즉시성을 구현한다. 전자우편은 공간 자체에서 해방된다. 간격은 완전한 근접성과 동시성을 수립한다는 목적에 희생된다. 모든 먼 것, 모든 거리는 제거된다. 모든 것을 지금 여기에서 써먹을 수 있게 만들어야 한다. 즉시성은 정념이 된다.

현재화되지 않는 것은 존재하지 않는 것이나 마찬가지다. 모든 것은 현재해야 한다. **현재성에 파괴적으로 작용하는** 사이공간과 사이시간 들은 폐기된다. 모든 것은 없거나 지금 여기 있거나 둘 중의 하나다. 더 이상 **사이**의 상태는 존재하지 않는다. 하지만 존재란 지금 여기 있다는 것 이상의 의미를 지닌다. 인생은 모든 **사이**가 제거되고 나면 그만큼 더 빈곤해진다. 인간의 문화에도 **사이**가 풍부하게 들어 있다. 축제는 종종 사이에 형태를 부여한다. 예컨대 강림절의 시간(크리스마스 전 4주간—역자)은 사이의 시간, 기다림의 시간이다.

세계가 온통 **여기**가 되어버림으로써 **저기**는 제거되고 만다. **여기**의 가까움은 먼 곳의 아우라를 소멸시킨다. 여기와 저기를, 보이는 것과 보이지 않는 것을, 알려진 것과 미지의 것을, 친숙한 것과 낯선 것을 분리하는 문턱이 사라진다. 문턱이 사라진 것은 세계를 전면적으로 가시적으로 만들고 이용 가능한 상태에 두고자 하는 강박 때문이다. 저기는 거리라고는 알지 못한 채 나란히 늘어선 사건들, 감각들, 정보들 속에서 소멸한다. 모든 것은 여기다. 저기는 더 이상 어떤 중요성도 인정받지 못한다. 인간은 더 이상 **문턱의 동물**이 아니다. 문턱은 물론 괴로움과 정념을 불러일으키지만, 또 **행복을 선사**하기도 하는 것인데 말이다.

간격이 그저 주춤거리게만 하는 것은 아니다. 간격에는 질서와 구조를 부여하는 기능도 있다. 간격이 없다면 일정한 구조도 방향도 없이 나란히 늘어선, 혹은 혼란스럽게 뒤섞여 있는 사건들만 남을 것이다. 간격은 지각뿐만 아니라 삶 자체를 구조화한다. 전환기와 단계를 통해 삶은 일정한 방향, 즉 의미를 획득한다. 간격이 없어짐에 따라 생겨나는 것은 지향점 없는 공간이다. 이 공간에는 잘 정의된 단계가 없는 까닭에 하나의 단계를 잘 마무리하고, 이를 다음 단계에 의미 있게 연결시키는 것도 불가능해진다. 하나의 사건이 다음 사건으로 빠르게 넘어가버리는 상황에서는 완결을 향한 강한 의지도 생겨나지 않는다. 지향점 없는 공간에서는 지금까지의 활동을 언제든지 그만두고 새로 시작할 수 있는 것이다. 더 이어질 수 있는 연결 가능성이 무수히 많은 까닭에 완결은 거의 의미를 지니지 못한다. 완결하는 데 매달리다가는 다음 연결편을 놓칠지도 모른다. 수많은 연결 가능성으로 이루어진 공간에는 연속성이란 것이 없다. 여기서 사람들은 언제나 새로운 결정을 하고 끊임없이 새로운 가능성을 붙잡으려 애쓰게 된다. 그 결과 시간은 불연속적으로 된다. 어떤 결정도 최종적이지 못하다. 한번 내려진 결정은 새로운 결정에 밀려난다. 단선적으로 흘러가는 시간, 즉 운명의 시간은 폐기된다.

웹 공간 역시 지향점 없는 공간이다. 그것은 서로 본질적으로 다르지 않은 수많은 연결 가능성, 즉 링크들로 짜여 있다. 어떤 방향, 어떤 선택 가능성도 다른 것에 대해 절대적인 우선권을 지니지 못한다. 이상적인 웹 공간에서는 언제든지 방향 전환이 가능하다. 최종적인 것은 없다. 모든 것은 유동적 상태에 머물러 있다. 가다, 나아가다, 행진하다가 아니라 서핑하다, 브라우징하다(브라우즈는 원래 소 등이 이리저리 다니며 풀을 뜯어먹는 것을 뜻한다)가 웹 공간에서의 걸음걸이에 대한 표현이다. 이러한 운동 형식은 어떤 방향에도 묶여 있지 않다. 그것은 **길** 또한 알지 못한다.

웹 공간은 연속적인 시기와 전환기가 아니라 불연속적인 사건들과 사실들로 이루어져 있다. 그리하여 여기서는 어떤 전진도, 어떤 발전도 일어나지 않는다. 그것은 역사가 없다. 웹 시간은 불연속적이고 점적인 지금의 시간이다. 사람들은 한 링크에서 다른 링크로, 하나의 지금에서 다른 지금으로 옮겨 다닌다. 지금에는 지속이 없다. 지금의 자리에 오래 머물도록 붙들어두는 것은 아무것도 없다. 무수한 가능성과 대안들이 넘쳐나는 까닭에 한자리에 오래 머물지 않을 수 없게 만드는 강제나 필연성은 생겨나지 않는다. 오래 머물러 있으면 그저 지루해질 따름이다.

단선적인 세계 질서의 종언이 손실만을 초래하는 것은 아니다. 이로 인해 새로운 존재 형식과 지각 형식이 가능해지고 또 필요해진다. 전진은 유영에 자리를 내준다. 지각은 인과적이지 않은 관계에 예민해진다. 엄격한 선별 작용을 통해 사건들을 좁은 궤도 위에 배치하는 서사적 선형성의 종말로 인해, 높은 밀도의 사건들 속에서 움직이며 방향을 잡아가야 할 필요가 생겨난다. 오늘의 미술과 음악도 이러한 새로운 지각 형식을 반영한다. 미적 긴장은 서사적 전개를 통해서가 아니라 사건들의 중첩과 조밀화를 통해서 발생한다.

간격이 짧아지면 사건의 연쇄는 가속화된다. 사건, 정보, 이미지 들의 조밀화는 **머무르는 것**을 불가능하게 한다. 질주하는 듯 빠른 장면의 연속은 인간을 사색하며 머무르도록 놓아두지 않는다. 망막을 언뜻 스치고 지나가는 이미지들은 지속적으로 주의를 묶어두지 못한다. 이미지들은 그저 빠르게 시각적 자극을 흩뿌리고는 금세 퇴색해버린다. 본격적 의미의 지식이나 경험과는 반대로, 정보와 체험은 지속적이거나 깊은 영향을 남기지 못한다. 진리와 인식이라는 말은 어느새 낡아빠진 것 같은 울림을 지니게 되었다. 진리와 인식은 지속을 바탕으로 한다. 진리Wahrheit란 지속되어야währen 하는 법이다. 하지만 점점 짧아져만 가는 현재 속에서 진리는 빛을 잃는다. 인식은 과거와 미래를 현재 속으로 데려와 묶어두는 시간적 집중에 의지한다. 시간적 연장성은 진리와 인식 모두의 특징인 것이다.

간격이 점점 더 짧아지는 것은 테크놀로지, 또는 디지털 생산물의 경우에도 마찬가지다. 오늘날 이러한 제품들은 매우 빨리 낡아버린다. 새로운 버전, 새로운 모델의 등장 때문에 제품의 수명이 아주 짧아진 것이다. 새로운 것에 대한 강박이 혁신의 주기를 단축시킨다. 그리고 그러한 강박은 아마도 아무것도 지속성을 창출하지 못한다는 사정에서 비롯된다고 할 수 있다. **작품**이라고 할 만한 것, 완결이라고 할 수 있는 것은 없고, 끝도 없이 계속 이어지는 온갖 버전과 변형만이 난무한다. 순수한 형식 유희로서의 **디자인**, 그렇다, 칸트적 의미에서 순수한 미, 즉 어떤 깊은 의미도 없이, 어떤 초감각적인 것도 없이 단순히 만족감만을 아는 아름다운 가상은 그 정의 속에 이미 부단한 교체와 부단한 기분 전환에 대한 요구가 담겨 있다. 그렇게 함으로써만 "기분Gemüt"을 돋우고, 다시 말해 계속 주의를 끌어갈 수 있을 것이다. 어떤 의미도 아름다운 가상에 지속성을 부여해주지 않는다. 어떤 의미도 시간을 **제어**하지 못한다.

그런데 현재의 수축은 현재를 비워내거나 희석시키지 않는다. 현재의 역설은 바로 모든 것이 다 현재가 된다는 데 있다. 즉 모든 것이 지금이 될 가능성을 가지고 있다. 모든 것이 반드시 그런 가능성을 가져야만 한다. 현재는 단축되고 조금의 지속성도 지니지 못하게 된다. 현재의 시간 창문은 점점 작아진다. 그런데 이와 동시에 모든 것이 현재 속으로 몰려 들어온다. 그 결과 이미지, 사건, 정보 들이 밀집한 더미가 생겨나고, 이는 사색 속의 머무름을 원천적으로 불가능하게 만든다. 그래서 사람들은 채널을 막 돌리듯 세계를 폴짝폴짝 돌아다니는 것이다.

향기로운 시간의 수정水晶

시간은 대명천지에도 밤도둑처럼 소리 없이 간다.

시간을 뚫어져라 쳐다보고 시간에 대고 소리를 질러대는 것.
시간이 기겁하여 멈추어 설 때까지
—그건 구원일까 재앙일까?

    소설을 통한 프루스트의 시간 실천은 조급성의 시대une époque de hâte라고 불린 당대, 예술조차 "짧은 줄에 바짝 묶여 있던" 시대에 대한 반응이었다.[38] 예술은 서사적 호흡을 잃어버렸고, 세계는 전반적으로 가쁜 호흡 속에 빠져들었다. 프루스트에게 조급성의 시대는 곧 모든 "사색"을 불가능하게 만드는 철도의 시대였다. 프루스트의 시대 비판은 또한 현실을 빠르게 교체되는 이미지들로 해체시키는 영화의 시대에 대한 비판이기도 했다. 조급성의 시대에 맞선 프루스트의 시간 전략의 핵심은 시간이 다시 지속성을 가질 수 있도록 하는 것, 시간이 다시 향기를 발하도록

---

[38] Marcel Proust, *A la recherche du temps perdu*, Éditions Gallimard, Paris 1927, Le temps retrouvé, Bd. 15, p. 35.

만드는 것이었다.

잃어버린 시간을 찾으려는 프루스트의 시도는 인간 삶의 탈시간화 과정이 진전되면서 결국 삶을 분해해버릴 지경에 온 상황에 대한 대응이다. 자아는 "순간들의 연쇄succession de moments"[39]로 해체된다. 그리하여 자아에게는 조금의 지속성도, 조금의 항구성도 남지 않는다. 프루스트는 이렇게 쓴다. "나였던 그 남자는 더 이상 존재하지 않는다. 나는 다른 사람이다je suis un autre."[40] 프루스트의 시간 소설 『잃어버린 시간을 찾아서』는 해체될 위기에 처한 자아의 동일성을 다시 안정시키려는 시도이다. 시간의 위기는 동일성의 위기로 경험된다.

프루스트 소설의 핵심 체험은 잘 알려진 대로 보리수 꽃잎차에 담근 마들렌의 향과 맛[41]이다. 마르셀이 부드럽게 적셔진 마들렌 조각을 한 숟갈의 차 속에 담아 입술에 가져갔을 때, 그의 온몸에 강렬한 행복의 감정이 흘러 퍼진다. "그 무엇에도 의존하지 않는 완전히 독자적인 전대미문의 행복감, 그 근거가 무엇인지 나 자신도 알 수 없는 그런 행복감이 내 온몸에 흘러 퍼졌다. 단

---

39 Marcel Proust, *A la recherche du temps perdu*, Albertine disparue, Bd. 13, p. 91.
40 같은 책, p. 276.
41 맛의 감각은 필연적으로 냄새와 향기를 포함한다. 특히 차의 맛 속에서 향기는 압도적인 비중을 차지한다. 입천장에서부터 퍼져 나가는 냄새의 감각은 냄새의 원천과 후각기관 사이의 공간적 인접성으로 인해 특히 강렬해진다.

번에 나는 삶의 굴곡에 무관심해졌고, 삶의 재앙도 그저 대수롭지 않은 불운이었으며, 삶의 짧음도 단순히 우리 감각의 기만에 불과한 것으로 여겨졌다. 그리하여 내 안에서 무언가가, 보통은 사랑만이 이룰 수 있는 무언가가 일어났고, 이와 동시에 나는 어떤 진미珍味의 물질로 채워진 듯이 느꼈다. 아니, 이 물질이 내 속에 있다기보다는 나 자신이 그 물질이었다. 나는 더 이상 내가 평범하다거나, 공연한 존재라거나contingent, 죽어 없어질 몸이라고 느끼지 않게 되었다."[42] 마르셀에게는 "소량의 순수한 시간un peu de temps à l'état pur"[43]이 주어진다. 향기로운 시간의 정수는 지속의 감정을 불러일으킨다. 그리하여 마르셀은 시간의 우연성 contingences du temps에서 완전히 해방되었다고 느낀다. 시간의 연금술에 의해 감각과 기억이 결합하여 현재에서도, 과거에서도 벗어나 있는 시간의 수정이 만들어진다.[44] 실제로 프루스트는 향기로운 수정이라고 말하고 있다. "고요한, 맑은 울림과 향기를 지닌, 투명한 시간들"의 "수정cristal."[45] 시간은 "밀봉된 항아리들"

---

42 Marcel Proust, *In Swanns Welt*, pp. 63 이하.

43 Marcel Proust, *Le temps retrouvé*, p. 15.

44 프루스트는 자신을 가득 채운 행복의 감정을 다음과 같이 설명한다. "이제 나는 저 상이한 복된 인상들을 비교해봄으로써 알아내었으니, 거기에는 내가 그것을 현재의 순간과 먼 과거의 순간에 동시에 느껴 결국 과거가 현재 위로 덮쳐오기에 이르고, 나 자신이 두 순간 가운데 어디에 있는지 더 이상 확신할 수 없게 된다는 공통점이 있었다. 〔……〕"〔Marcel Proust, *Die wiedergefundene Zeit*(E. Rechel-Mertens 역), Frankfurt a. M. 1984, p. 263〕.

로 응축된다. 그리하여 "그 항아리들 하나하나 속에는 사물들이 절대적으로 다른 빛깔, 향기, 온도를 간직한 채 담겨 있다."[46] 이렇게 향기들로 채워진 항아리[47]는 그 속에서 아무것도 흐르지 않고 아무것도 시간의 풍화에 노출되어 있지 않다는 의미에서 시간외부의extra-temporel 장소이다. 하지만 그 항아리를 채우는 것은 무시간적인 초월성이 아니다. 좋은 향기를 지닌 "천상의 음식"[48]은 **시간적**인 성분으로 이루어져 있다. 그 음식의 향기는 무시간적 영원성의 향기가 아니다. 지속성을 위한 프루스트의 전략은 **시간**을 향기롭게 만드는 것이다. 여기서는 인간이 역사적으로 존재한다는 것, 인간이 삶의 **여정**을 따른다는 것이 전제된다. 시간의 향기는 **이 세상 속의 향기**다.

흥미롭게도 매혹적인 시간의 향기는 실제 향기를 타고 퍼져간다. 후각은 기억과 부활의 기관인 듯하다. 물론 "뜻밖의 추억"은 촉각(풀 먹여 다린 냅킨의 **빳빳한** 감촉, 평평하지 않은 포석들의 감각), 청각(접시 위의 숟가락 소리), 시각(마르탱빌의 종루의 모습)에서 유발되기도 한다. 하지만 무엇보다도 차의 향과 맛에서 촉발된 기억은 특히 강렬한 시간의 향기를 발산한다. 유년의 세계

---

45 Marcel Proust, *A la recherche du temps perdu, Du côté de chez Swann*, Bd. 1, p. 119.

46 Marcel Proust, *Le temps retrouvé*, p. 12.

47 같은 책, p. 35.

48 같은 책, p. 15.

전체가 이를 통해 소생하는 것이다.

  냄새와 향기는 광대한 시간을 거치며 과거 속 매우 깊은 데까지 뻗어 있음이 분명하다. 그리하여 이들은 최초의 기억들을 유지하는 근간이 되는 것이다. 단 하나의 향기에서 잃어버렸다고 믿었던 유년의 우주가 깨어 일어난다. "마치 어떤 일본 놀이에서 작은 종잇조각들을 물이 채워진 자기 사발에 담그면 그때까지 서로 분간도 되지 않던 작은 종잇조각들이 물을 한껏 빨아들이며 벌어지고, 형태를 이루고, 물이 들고, 제각기 다른 모습을 띠어, 꽃이 되고, 집이 되고, 온전한 모양의 알아볼 수 있는 인물들이 되는 것처럼, 우리 집 정원의 모든 꽃이, 스완 씨네 대정원의 모든 꽃이, 비본느 강의 수련이, 마을의 착한 사람들이, 그들이 사는 작은 집들이, 성당이, 온 콩브레와 그 근방이, 마을과 정원 전체가 또렷한 모습을 띠고 손에 잡힐 듯이 내 찻잔에서 떠올랐다."[49] "거의 비현실적일 정도로 미량에 불과한 차 한 방울"이 기억의 거대한 건물이 들어설 수 있을 만큼 광활하다. 맛le goût과 냄새l'odeur는 인간의 죽음과 사물의 파멸을 뛰어넘는다. 거세게 흐르는 시간의 물살 속에 떠 있는 지속의 섬들. "그러나 사람들이 죽고, 사물들이 파멸하여 오랜 과거에서 아무것도 남지 않을 때에도, 오직 냄새와 맛만은 더 연약하지만 더 활력 있고, 더 비

---

49 Marcel Proust, *In Swanns Welt*, p. 67.

물질적이며, 더 끈질기고 더 충실하여, 마치 영혼과도 같이, 상기하고 기다리고 희망하며 오래도록 계속 살아남아 있는 것이다. 〔……〕"[50]

『미디어의 이해』에서 맥루언은 마치 프루스트의 마들렌 경험을 생리학적으로 뒷받침해주는 것처럼 보이는 흥미로운 실험에 대해 언급하고 있다. 두뇌가 작동하는 동안 뇌 조직에 가해지는 여러 자극은 많은 기억을 일깨운다. 이때 기억들은 특수한 향기와 냄새에 흠뻑 적셔지고, 이를 통해 하나의 단위로 묶여 초기 경험의 근간을 이루게 된다.[51] 향기는 이를테면 역사가 깃든 장소와 같다. 향기는 이야기들, 서사적 이미지들로 가득 채워져 있다. 후각은 맥루언이 지적하듯이 "상징 이미지"처럼 작용한다. 후각은 서사적 감각, 이야기의 감각이라고 할 수도 있을 것이다. 후각은 시간적 사건들을 결합하고 엮어서 하나의 이미지로, 하나의 서사적 형상으로 만들어낸다. 이미지와 이야기가 깃들어 있는 향기는 해체의 위협에 직면한 자아를 하나의 동일성 속에, 하나의 자화상 속에 안착하게 해줌으로써 자아에게 안정성을 돌려준다. 향기가 지닌 시간적 연장성 덕택에 자아는 자기 자신으로 돌아올 수 있다. 행복의 감정을 불러오는 것은 이러한 **자기 귀환**이다. 향기가 있는 곳에서 자아는 **자신**과 통합된다.

---

50 같은 책, pp. 66 이하.
51 Marshall McLuhan, *Understanding Media*, Düsseldorf/Wien 1968, p. 159.

향기는 느리다. 매체적인 측면에서 보더라도 향기는 조급성의 시대에 어울리지 않는다. 향기를 시각적 이미지처럼 빠르게 연속적으로 교체하는 것은 불가능하다. 시각적 이미지와는 반대로 향기는 가속화되지 않는다. 향기가 지배하는 사회라면 아마도 변화나 가속화를 추구하는 경향이 발전하지 않을 것이다. 그런 사회는 추억과 기억을 자양분으로 하는 사회, 느린 것과 긴 것을 먹고사는 사회일 것이다. 반면 조급성의 시대는 "영화적" 사회, 즉 **시각**의 영향이 두드러진 시대이다. 이 시대는 "사물들의 영화적 흐름"[52]이 이루어질 때까지 가속화된다. 시간은 단순히 현재들의 연속으로 해체된다. 조급함의 시대는 향기가 없는 시대이다. 시간의 향기는 지속성의 현상이다. 그리하여 향기는 "활동 l'action"과 "직접적 향락 la jouissance immédiate"[53]에서 벗어난다. 향기는 간접적이고 우회적이며 다른 것에 매개되어 있다.

프루스트의 서사적 시간 전략은 사건들을 에워싸서 하나의 의미 있는 전체로 묶거나 시대 구분을 통해 사건들의 질서를 수립함으로써 시간의 분해 경향에 대항한다. 사건들은 다시 연결된다. 사건들을 엮어주는 하나의 관계망은 삶이 순전한 우연성의 굴레에서 해방된 듯한 인상을 불러일으킨다. 이를 통해서 삶은 의미심장한 것이 된다. 프루스트는 삶이 그 심층적 차원에서 서

---

52 Marcel Proust, *Die wiedergefundene Zeit*, p. 279.

53 Marcel Proust, *Le temps retrouvé*, p. 14.

로 연관된 일과 사건 들로 짜여 있는 조밀한 망이라고 굳게 믿고 있는 것처럼 보인다. "삶은 끊임없이 〔……〕 사건들 사이에서 새로운 실을 자아내며, 〔……〕 그리하여 우리가 살았던 과거의 극히 사소한 지점과 다른 모든 지점들 사이에 존재하는 풍요로운 추억의 망은 우리에게 단지 그 가운데 어떤 연결선을 택할 것인가 하는 결정만을 허용할 뿐이다."[54] 시간이 아무런 연관성 없는 점적인 현재로 붕괴하려 하는 상황 앞에서 프루스트는 다수의 관계와 유사성으로 이루어진 시간의 직물로 대항한다. 모든 사물이 서로 얽혀 있다는 것, 극히 사소한 사물도 세계 전체와 교통하고 있다는 것을 인식하려면 그저 존재의 안을 더욱 깊이 들여다보기만 하면 된다. 그러나 조급성의 시대에는 지각을 심화할 만한 시간이 없다. 오직 존재의 심층에서만 모든 사물이 서로 융화하고 서로 교통하는 공간이 열릴 수 있다. 바로 이러한 존재의 친근성이 세계를 향기롭게 한다.

진리 역시 관계적인 사건이다. 사물들이 유사성이나 혹은 다른 종류의 근친관계로 인해 서로 교통할 때, 사물들이 서로를 향해 고개를 돌리고 관계를 맺을 때, 그렇다, 사물들이 사귀기 시작할 때, 진리는 일어나는 것이다. "진리la vérité는 작가가 상이한 두 사물을 취하여 그들 사이에 관계를 수립하고 〔……〕 아름다운 문

---

54 Marcel Proust, *Die wiedergefundene Zeit*, p. 483.

체라는 필수불가결한 고리 속에 둘을 묶어두는 순간에 시작된다. 또는 작가가, 마치 삶이 그렇게 하듯이, 두 감각 사이에 존재하는 공통의 특질을 비교하고 이들이 단순한 시간의 우발성에서 빠져나오도록 하나를 다른 하나와 은유 속에서 통합함으로써(이루 말할 수 없이 효과적인 단어 연결의 띠를 통해 양자를 결합함으로써) 그 정수를 세상 밖으로 끌어낼 때, 진리는 비로소 시작되는 것이다."[55] 유사관계, 친교관계, 근친관계를 통해 비로소 사물들은 진리가 된다. 진리는 단순히 우연적인 병렬 상태와 반대된다. 진리는 결속, 관계, 가까움을 의미한다. 오직 강렬한 관계만이 사물들을 진짜로 존재하게 한다. "우리가 현실이라고 부르는 것은 우리를 동시에 에워싸고 있는 감각들, 추억들의 일정한 관계이다. 그것은 단순한 영화적 재현에서는 소실되고 말 관계이며 [······] 정말 특별한 관계로서, 작가는 자신의 문장 속에 상이한 양극을 서로 결합하기 위해 다시 발견해내지 않으면 안 되는 것이다."[56] 은유를 만들어내는 것도 사물들 사이의 연결선, 교통로를 내서 풍부한 관계망을 짜는 행위라는 점에서 진리의 실천이라 할 수 있다. 은유는 존재의 원자화 경향에 항거한다. 은유 만들

---

55 같은 책, p. 289. (독일어 번역의 원본이 된 갈리마르 판에서 괄호 안의 내용은 빠져 있다. 갈리마르 판의 주석자는 이 구절에 대한 주석에서 프루스트가 은유metaphore 대신 단어 연결alliance de mots이라는 표현을 사용한 것은 더 전 단계에 작성된 원고에서였다고 밝히고 있다. 이 부분의 독일어 번역에는 어떤 이유에서인지 전 단계의 원고 내용이 반영된 듯하다—역자.)

기는 또한 시간적 실천이기도 한데, 왜냐하면 빠르게 지나가는 고립적 사건들의 연속에 관계의 지속성, 관계의 신의를 맞세우기 때문이다. 은유는 사물들이 서로 친해질 때 발산하는 향기이다.

"즉각적인 향락"은 아름다울 수 없다. 왜냐하면 어떤 것의 아름다움은 "한참 뒤에야" 다른 것의 빛 속에서, 귀중한 추억 속에서 비로소 드러나기 때문이다. 아름다움은 지속성에, 사색적 종합에 의존한다. 순간적인 광휘나 자극이 아니라 사물들의 잔광, 사물들의 여운이 아름다운 것이다. "사물들의 영화적 흐름"은 아름다움의 시간성이 아니다. 조급성의 시대, 점적인 현재들의 영화적 연속은 아름다움과 진리에 접근하지 못한다. 사색적인 머무름, 금욕적인 자제 속에서 사물은 그 아름다움을, 그 향기로운 정수를 드러낸다. 그 정수의 구성 성분은 잔광을 발하는 시간의 침전물이다.

---

56 같은 책, pp. 288 이하.

천사의 시간

내가 소리 질렀을 때
천사들의 세계에서 대체 누가 내 소리를 들었을까?
설사 누군가 돌연 나를 가슴에 껴안는다 한들, 나는
그 강력한 존재에 의해 사그라져버리리.
왜냐하면 아름다움이란
우리가 간신히 견디어낼 수 있는
끔찍함의 시초일 뿐이기에…
모든 천사는 끔찍하다.
―라이너 마리아 릴케

많은 이들이 확언한 바 있는 거대 서사의 종언은 서사적 시간의 종언이다. 사건들을 하나의 서사 궤도상에 줄 세우고 이로써 하나의 연관성 있는 맥락을, 중요한 의미를 **짜내는 플롯**으로서의 역사가 끝났다는 것이다. 이야기의 종언은 무엇보다 시간의 위기다. 이야기의 종언과 함께, 지나간 것과 앞으로 올 것을 현재 속에 모아들이는 시간의 중력이 파괴되는 것이다. 시간적 집중이 일어나지 않으면 시간도 해체되고 만다. 포스트모더니즘은 서사적 시간의 종언을 기쁜 마음으로 환영하는 순진함과는 거리가 멀다. 오히려 포스트모더니즘의 대변자들은 시간의 해체와 탈시간화 경향에 맞설 수 있는 다양한 시간 전략과 존재 전략을 구상한다. 데리다의 메시아주의도 그런 구상의 하나로서 다시 낡은 서사 도식과 동일성의 도식으로 돌아가지 않으면서도 시간의 중력을 재건한다. 이때 시간의 중력은 메시아적 미래에서 나온다. 데리다 자신도 인간의 삶이 언제나 어떤 식의 **구성**을 필요로 한다는 것을 부정하지는 않을 것이다. 다만 이야기가 삶의 시간을 구성하는 유일한 가능성은 아닌 것이다.

이야기Erzählen의 종언이 반드시 삶을 단순한 셈Zählen으로 축소시키는 것은 아니다. 이야기의 바깥에서, 의미와 꾸며내기를 추구하는 플롯의 바깥에서 비로소 존재의 깊은 층이, 그렇다, **존재** 자체의 모습이 분명히 드러난다. 하이데거가 행한 존재로의 전환 역시 서사적 위기의 결과이다. 게다가 이야기와 셈은 사실 근본적으로 다른 것이 아니다. 이야기는 셈의 특수한 양태이다. 이야기는 사건의 연쇄에 의미를 싣는 긴장의 활을 만들고, 이로써 사건들을 단순히 세는 차원을 넘어서 하나의 이야기로 엮어낸다. 그러나 **존재**는 수와 셈, 열거와 이야기하기 속에 완전히 녹아버리지 않는다.

의미의 위기에 직면하여 료타르 역시 **존재**로의 전환을 결행한다. 이때 그는 서사적 의미의 공허를 특별한 존재 경험으로 전환시킨다. 의미와 존재 사이의 구별에서 **존재론적 차이**가 나온다. 존재는 서사와 역사의 시대에 의미의 뒤로 밀려난다. 그러나 탈서사화의 물결 속에서 의미가 후퇴하면서 존재는 다시 모습을 드러낸다. 그러면 사건들은 더 이상 그 서사적 의미 내용, 즉 **무엇**

Was을 환기하는 것이 아니라 '~ 한다는 것Dass' 이 된다. 료타르에게 **어떤 일이 일어난다는 것**Dass es geschieht은 단순한 사실이 아니다. 오히려 그것은 존재의 사건 자체를 환기한다. 이러한 존재로의 전환을 통해 료타르는 하이데거에 접근한다. 그는 심지어 이야기의 종언이 "존재의 증대l'accroissement d'être"[57]로 이어질 것이라고 기대한다.

이야기의 종언은 시간 차원의 변화를 가져온다. 이야기의 종언과 함께 단선적 시간도 종말을 고하는 것이다. 사건들은 더 이상 하나의 이야기로 엮이지 않는다. 의미를 수립하는 서사적 연쇄는 선택 조작에 의존한다. 그것은 엄격한 규제를 통해 사건들을 선후관계로 배열한다. 완전히 임의적인 문장들의 병렬은 어떤 의미도, 어떤 이야기도 낳지 못한다. 그리하여 사물들의 서사적 연쇄는 서사 질서에 속하지 않는 것들을 지워버린다. 어떤 의미에서 이야기는 맹목적이다. 오직 한쪽 방향만 바라보기 때문이다. 그래서 이야기에는 언제나 사각지대가 내재한다.

서사적 연쇄의 해체에 따라 시간은 단선궤도에서 이탈한다. 하지만 단선적, 서사적 시간의 붕괴가 꼭 재앙을 의미하는 것은 아니다. 료타르 역시 그 속에서 해방의 가능성을 발견한다. 왜냐하면 인간의 지각이 이야기의 **족쇄**에서, 서사적 강제에서 자유로워

---

57 Jean-François Lyotard, *Das Inhumane*, Wien 1989, p. 163.

지기 때문이다. 지각은 떠돌기 시작하고, 그렇게 떠도는 상태로 머물게 된다suspens. 그리하여 서사적 구속에 얽이지 않은 사건들, 본래 의미에서의 사건을 위한 여유가 생겨난다. 지각은 이제 서사 궤도상에 자리를 잡지 못하여 존재하지 않는 것이나 마찬가지였던 일들에 접근할 수 있게 된다. 떠도는 지각은 "미지의 것을 받아들이고 싶은 욕망"[58]을 따른다.

료타르의 논문 「순간, 뉴먼」은 "천사"라는 짧은 제사로 시작된다. 료타르는 이처럼 천사와 순간을 신비롭게 붙여놓음으로써 시간의 신비화를 시도한다. 료타르에 따르면 이야기의 종언이 시간에서 모든 중력을 빼앗아가는 것은 아니다. 이야기의 종언은 오히려 "순간"을 해방시킨다. 순간은 붕괴의 산물, 즉 단선적 시간이 해체된 뒤에 남은 시간의 파편이 아니다. 물론 순간에 **깊은 의미**는 없다. 하지만 순간은 **존재의 깊이**를 지닌다. 순간의 깊이란 그저 **거기 있다**Da는 것, 그 단순한 현존의 깊이다. 순간은 아무것도 재-현하지 않는다. 순간은 다만 "거기 있는 뭔가가 어떤 의미를 지니기 이전에 그저 '뭔가가 거기 있다'는 것"[59]을 상기시킬 뿐이다. **거기 있음**이 순간이 지닌 내용의 전부이다. 료타르의 천사는 아무것도 선포하지 않는다. 아무것도 알려줄 것이 없다. 천

---

58 같은 곳.
59 같은 책, p. 155.

사는 단순한 현존 속에서 찬란하게 빛난다.

시간은 서사 궤도를 따라 수평적으로 뻗어가는 대신 수직적으로 깊어진다. 서사적 시간은 연속적 시간이다. 사건은 스스로 다음 사건을 예고한다. 사건들은 계기적으로 일어나며 그 과정에서 의미를 낳는다. 그런데 이제 이러한 시간적 연속성이 파괴되고, 그 자리에 불연속적이고 균열된 시간이 생겨난다. 하나의 사건 속에는 앞으로 더 계속될 거라는 암시, 자기 뒤에 또 다른 사건이 일어날 거라는 암시가 담겨 있지 않다. 사건은 자신의 순간적 현존을 넘어서는 그 어떤 것도 약속하지 않는다. 그리하여 기억도 기대도 없는 시간이 생겨난다. 이 시간의 내용이라고는 그저 **거기 있다**는 것이 전부이다.

료타르는 바넷 뉴먼Barnett Newman을 인용한다. "나의 그림은 공간의 조작과도 무관하고 회화적 묘사와도 무관하다. 나의 그림은 **시간의 느낌**과 연관되어 있다."[60] **시간의 느낌**sensation du temps 은 **시간 의식**이 아니다. 시간의 느낌은 의식이 행하는 구성 작용의 성과라고 할 수 있는 시간적 연장성이란 것을 알지 못한다. 시간의 느낌은 의식의 종합 **이전에** 일어난다. 그리고 그 대상은 **의미하는**bedeuten 시간이 아니라 **자극하는**affizieren 시간이다. 이런 시간은 마치 "흥분의 구름"[61]처럼 순간적으로 일었다가는 다시

---

60 같은 책, p. 153.

허무 속으로 사라져버린다. 사건은 의식이 접근할 수 있는 **테마**가 아니라, 의식으로 끌어들일 수 없는 **트라우마**, 의식의 통제에서 완전히 벗어나 의식의 효력을 해제하는 **트라우마**다.

의미 있는 시간의 붕괴에 대한 료타르의 대답은 흔히 볼 수 있는 허무주의가 아니라 특별한 종류의 **애니미즘**이다. 감각이 받아들이는 원초적 느낌에는 의식이 테마로 다룰 만한 내용이 담겨 있지는 않다. 그러나 그 느낌은 영혼을 깨워 살아 움직이게 한다. 그것은 영혼을 죽음에서, 감각의 자극이 없었다면 헤어 나오지 못했을 무기력의 늪에서 끌어낸다. "**아니마**는 오직 자극받음으로써만 존재한다. 유쾌한 감각, 불쾌한 감각을 통해 아니마는 자신이 어떤 자극도 받지 않는다면 존재조차 하지 않을 것임을, '움직여지지animiert'도 않을 것임을 알게 된다. 이러한 영혼은 오직 자극받을 수 있는 잠재력의 각성일 뿐이다. 이 영혼은 어떤 소리, 어떤 색깔, 어떤 냄새처럼 흥분시키는 어떤 감각적 사건을 만나지 않는 한 냉담한 상태로 남아 있을 것이다."[62] 원초적인 느낌을 통해 깨어나 존재하게 된 영혼은 최소한의 아니마anima minima, 그러니까 정신이 없는 영혼, 물질과 소통하는 영혼, 연속성도 기억도 알지 못하며 정신분석학, 아니 더 나아가 모든 해석학적 접

---

61 Jean-François Lyotard, *Postmoderne Moralitäten*, Wien 1998, p. 207.
62 같은 곳.

근을 허용하지 않는 영혼이다.

료타르에 따르면 서사의 종언 이후에는 예술도 스스로를 비워 내고 단순한 현존의 예술이 된다. 그러한 예술의 바탕을 이루는 것은 오직 "영혼이 죽음에서 벗어나기를 바라는 소망"[63]뿐이다. 소리, 빛깔, 음성은 문화로부터 부여받은 의미를 잃어버린다. 예술은 예술의 문화적 의미 이전의 차원에서 예술의 사건적 성격으로 주의를 돌려야 한다. 예술의 과업은 무언가가 **일어나고 있다**는 것을 증언하는 데 있다. "아이스테톤aistheton(감각할 수 있는 것, 감각에 의해 지각되는 것—역자)은 하나의 사건이다. 영혼은 아이스테톤의 자극을 받을 때에만 존재하며, 아이스테톤이 없다면 영혼 없는 허무 속에 사라져버릴 것이다. 예술작품은 이런 놀랍고도 불안정한 전제 조건의 가치를 제대로 인정해야 할 의무가 있다."[64] 영혼은 아이스테톤, 즉 감각적 사건에 의지하여 존재한다. 아이스테톤이 없다면 마비 상태만이 찾아올 것이다. 미학은 마비의 위협에 저항하기 위한 처방이다.

료타르는 바로 서사적 시간의 종언이야말로 "존재의 신비"[65]를 이해할 수 있는 기회이고, "존재의 증대"로 귀결된다고 주장한다. 그러나 그는 서사적 시간의 종언이 지니는 허무주의적 측면

---

63 같은 책, p. 209.

64 같은 곳.

65 Jean-François Lyotard, *Das Inhumane*, p. 155.

을 지나치게 과소평가한다. 시간 연속체의 해체로 인해 실존은 극단적으로 취약해진다. 영혼은 끊임없이 죽음의 위협에, 끔찍한 허무에 노출된다. 왜냐하면 영혼을 죽음에서 빼내어줄 사건은 어떤 지속성도 없기 때문이다. 사건들 사이의 간격은 죽음의 지대가 된다. 아무 사건도 일어나지 않는 그 중간의 시간에 영혼은 무기력 상태에 빠진다. 존재에 대한 기쁨은 죽음의 공포와 뒤섞인다. 환희의 순간 뒤에는 우울, 존재론적 우울이 따른다.

존재의 깊이는 동시에 존재의 절대적 빈곤이다. 그러한 존재에게는 **거주의 공간**이 전혀 없다. 그 점에서 료타르는 하이데거와 근본적으로 다르다. 료타르가 말하는 존재의 신비는 오직 **거기 있음**의 신비일 뿐이다. 존재의 신비 속에 참여하는 "최소한의 아니마"란 궁극적으로 가장 단순한 모나드의 영혼, 어떤 의식도, 어떤 정신도 거느리지 못하는 무성적 영혼이다. 그것은 오직 두 가지 상태만을 알 뿐이다. 공포와 희열, 죽음의 위협에 대한 경악과 거기서 벗어났다는 안도나 기쁨. 후자를 기쁨이라고 말하기도 어려울 것이다. 기쁨은 의식 활동의 성과이기 때문이다. 료타르가 말하는 분열되고 불연속적인 시간, 존재의 심연 앞에 놓인 사건의 시간은 삶의 시간, 즉 거주의 시간이 아니다. 삶이란 연명, 혹은 단순한 깨어 있음 이상의 것이다. 서사적 시간의 종언이 필연적으로 연명의 시간으로 귀결되어야 하는 것은 아니다. 서사적이지도 않고, 단순한 생존에 그치는 것도 아닌 삶의 시간, 테마와 트라우마 너머에 자리 잡고 있는 삶의 시간이 있을 것이다.

향기로운 시계: 고대 중국으로의 짧은 여행

화분의 꽃이 붉게 떠 있고
향의 연기는 푸른빛으로 빙그르르 피어오른다.
물음도 대답도 없이
여의如意는 저 혼자 가로놓여
증점曾點의 비파 소리 이미 멀어지고
소문昭文의 거문고 울리지 않는데
이 사이에 곡이 있으니
노래도 하고 춤도 추겠네
— 소동파

중국에서는 향인香印이라고 불리는 향시계가 19세기까지 사용
되었다. 유럽인들은 향인을 20세기 중반까지도 보통 향꽂이인
줄 알고 있었다. 그들에게는 향불의 연기로 시간을 잰다는 생각,
더 나아가서 시간이 향기의 형태를 취할 수 있다는 관념 자체가
아마도 낯선 것이었으리라.[66] 이 시계가 향인이라고 불린 이유는
향으로 이루어져 태울 수 있게 된 부분이 도장과 같은 형태이기

---

[66] 스미스소니언 협회의 큐레이터였던 실비오 A. 베디니의 정확한 기록을 통해서 비
로소 서양에서도 이러한 극동의 시간 측정 방식에 대해 알게 되었다. Silvio A.
Bedini, "The Scent of Time. A Study of the Use of Fire and Incense for Time
Measurement in Oriental Countries," *Transactions of The American Philosophical
Society*, Vol. 53, Part 5, 1963 참조. 베디니의 이 철저한 연구는 맥루언도 알고
있었던 것 같다. Marshall McLuhan, *Understanding Media. The Extensions of
Men*, London 1964, p. 145 참조.

때문이다. 그러한 향인에 대해 좌규는 다음과 같이 적고 있다. "도장 문자와 같은 형태의 문양이 나무에 새겨져 있는데, 주연이 진행되는 동안 또는 부처 상 앞에서 그 속에 들어 있는 향이 타 들어가면서 모양이 드러난다."[67] 향인은 불이 다 타면 완전한 문 양이 드러나도록 한붓그리기가 가능한 형태를 취한다. 주로 문자 의 본이 담겨 있는 틀에 향 가루를 채워 넣는다. 그 틀을 들어 올 리면 향으로 된 글자 모양이 만들어진다. 그것은 한 글자일 수도 있고('福' 자인 경우가 많다), 여러 글자일 경우도 있다. 후자의 경우 하나의 공안公案[68]이 만들어지기도 한다. "내가 나의 꽃들을 얻기 전에 얼마나 많은 생명이."[69] 이것은 어떤 향인에 새겨져 있 는 수수께끼 같은 공안이다. 인장의 가운데 있는 꽃 그림은 "나 의 꽃들"이라는 단어를 대체한다. 향인 자체도 자두꽃 모양을 하 고 있다. 불을 붙이면 불꽃이 인장에 새겨진 글자들을 한자 한자 따라 돌아다니며, 정확히 말하면 태워가며, 마치 글씨를 써가는 것처럼 보인다.

향인은 원래 여러 부품으로 이루어진 향시계 장치 전체를 가리

---

67 Silvio A. Bedini, *The Trail of Time. Time measurement with incense in East Asia*, Cambridge 1994, p. 103에서 재인용(좌규左圭는 백과사전인 『백천학해百 千學海』를 편찬한 송나라 때 학자이다─역자).

68 공안은 선사가 제자들에게 정신적 훈련을 위해 제시해주는 매우 압축적인, 종종 수 수께끼 같은 경구를 말한다.

69 Silvio A. Bedini, *The Trail of Time*, Figure 108 참조.

키는 말이다. 향으로 만들어진 도장은 화려한 장식의 통에 담겨 있고, 바람을 막아주는 덮개에는 다시 글자나 다른 상징적 이미지의 구멍이 나 있다. 통에는 철학적인 혹은 시적인 내용의 글이 새겨져 있는 경우가 많다. 시계 전체가 향기로운 단어와 그림으로 에워싸여 있는 것이다. 새겨져 있는 시의 충만한 의미가 벌써 향기를 발산한다. 덮개에 꽃 모양의 구멍이 나 있는 어느 향인은 통의 한쪽 면에 다음과 같은 시가 새겨져 있다.

그대 꽃을 보라
그대 대나무를 들어라
그대의 마음 평화로워지리
그대의 괴로움 씻어지리
바닥은 향기로운 음악을
태우고
그대는 가지리라……[70]

시간 측정 수단으로서 향은 많은 점에서 물이나 모래와 구별된다. 향기가 나는 시간은 흐르거나 새어나가지 않는다. 아무것도 비워지지 않는다. 오히려 향냄새가 공간을 채운다. 향기는 시간

---

70 같은 책, Figure 69 참조.

을 공간화하고, 그리하여 시간에 지속성의 인상을 준다. 물론 불
꽃이 계속해서 향을 재로 만들어버리기는 한다. 하지만 재도 흩
어져 없어지는 것이 아니다. 재는 글자의 형태로 머물러 있다.
그리하여 향으로 된 인장은 재가 되어서도 그 의미를 전혀 잃어
버리지 않는다. 재를 남기며 계속 전진하는 불꽃이 환기할 수도
있는 무상성은 지속성의 느낌에 자리를 내준다.

향인은 정말로 향기를 발산한다. 향냄새는 시간의 향기를 더욱
강렬하게 만든다. 이 점에서도 이 중국 시계는 대단히 정교하다.
향인은 흘러가지도, 새어나가지도 않는 시간의 향기로운 분위기
속에서 때를 알려준다.

> 나는 평온히 앉아 있다―향인을 태우면서,
> 향인은 잣나무, 삼나무의 향기로 방을 채운다.
> 향이 다 타고 나면, 또렷한 그림이 떠오른다.
> 비석에 새겨진 글귀 위의 푸른 이끼처럼.[71]

향은 잣나무와 삼나무의 향기로 공간을 채운다. 향기로운 공간
이 시인의 마음을 평온하고 평화롭게 만든다. 재 또한 무상성을
환기하지 않는다. 그것은 글씨를 더 또렷하게 부각시키는 "푸른

---

71 같은 책, p. 130에서 재인용.

이끼"다. 잣나무와 삼나무의 향기 속에서 시간은 **가만히 서 있다.**
"또렷한 그림"이 된 시간은 마치 멈춰 있는 것처럼 보인다. 시간
은 그림의 틀 속에 넣어진 채, 새어나가지 않는다. 시간은 향기
속에, 그 한동안의 머뭇거림 속에 붙들려 있다. 향에서 피어오르
는 연기구름도 다양한 형상으로 지각된다. 온정균溫庭筠은 다음과
같이 쓴다.

꿈속에서처럼 나비들이 나타나네,
용처럼 꿈틀거리고 빙글 도는가 하면,
새 같기도 하고, 봉황 같기도 하고,
봄의 벌레 같기도 하고, 가을의 뱀 같기도 하네.[72]

온갖 형상이 만들어지며 시간을 한 폭의 그림으로 응고시킨다.
시간은 공간이 된다. 봄과 가을의 병존도 시간을 멈춰 서게 한다.
시간의 정물화가 나타난다.

시인 이청조李淸照에게 향인의 연기구름은 깊은 지속의 감정을
전하는 옛글처럼 보인다.

부풀어 오르는 비단 같은, 물결치는 구름 모양의

---

72 같은 책, p. 121에서 재인용.

연기가, 타버릴 향의 마지막 재로
고대의 문장을 쓰네.
나의 소중한 단지에는 온기가 머뭇머뭇 남아 있고,
바깥뜰의 연못
달빛은 벌써 사라졌건만.[73]

이것은 지속성에 관한 시다. 뜰의 연못에 비치던 달빛은 이미
사라진 지 오래되었지만, 재는 완전히 식지 않았다. 향을 품은
단지는 여전히 온기를 발산하고 있다. 온기는 지속된다. 이 한동
안의 머뭇거림이 시인을 행복하게 한다.

시인 해진解縉은 피어오르는 향인의 연기에 대해 다음과 같이
쓴다.

향인에서 나오는 연기로
향기로운 오후가 흘러감을 아네.[74]

시인은 여기서 아름다운 오후가 지나갔음을 아쉬워하지 않는
다. 왜냐하면 모든 시간은 각자 고유의 향기를 지니고 있기 때문

---

73 같은 책, p. 136에서 재인용.
74 같은 책, p. 137에서 재인용.

이다. 왜 오후가 지나가는 것이 아쉽겠는가? 오후의 향기 뒤에는 저녁의 좋은 냄새가 따라올 것이다. 그리고 밤은 또 그만의 고유한 향기를 발산한다. 이러한 시간의 향기들은 서사적이지 않고, 사색적이다. 이들은 선후관계로 짜여 있지 않다. 오히려 이들은 모두 스스로 자기 안에 머물러 있다.

> 봄의 백화, 가을의 달—
> 여름의 서늘한 바람, 겨울의 눈.
> 정신에 쓸데없는 일이 매달려 있지 않다면
> 그게 바로 사람에게 좋은 때라네.[75]

좋은 시간에 들어갈 수 있는 것은 "쓸데없는 것"을 **비워낸** 정신이다. 바로 이러한 **비움**이 정신을 욕망에서 해방하고 시간에 깊이를 준다. 시간의 깊이는 모든 순간을 **온 존재**와, 그 향기로운 영원성과 결합한다. 시간을 극도로 무상하게 만드는 것은 바로 욕망이다. 욕망으로 인해 정신은 가만히 있지 못하고 마구 내달리는 것이다. 정신이 **가만히** 서 있을 때, 정신이 자기 안에 편안히 머물러 있을 때, **좋은 시간**이 생겨난다.

---

75 Mumonkan, *Die Schranke ohne Tor. Meister Wu-men's Sammlung der achtundvierzig Kôan*(H. Dumoulin 역주), Mainz 1975, p. 85.

세계의 윤무

잣나무의 향기—
도마뱀은 뜨거운 돌 위를
팔짝 뛰어넘는다.

1927년 파리에서 프루스트의 『되찾은 시간 *Le Temps retrouvé*』이 발간되었다. 그리고 같은 해에 독일에서는 하이데거의 『존재와 시간』이 나온다. 처음 보기에는 대단히 상이한 인상을 주는 이 두 권의 저작 사이에는 수많은 공통점이 존재한다. 프루스트의 시간 프로젝트와 마찬가지로 『존재와 시간』도 인간 실존이 점점 분열되고 시간이 점적인 현재들로 해체되어가는 경향에 반발한다. 하이데거는 『존재와 시간』을 통해 영원히 타당한 인간 실존의 현상학을 제시했다고 자신하지만, 실제로 이 저서는 **그가 속한** 시대의 산물이다. 여기에는 인간 실존 가운데 시대 특유의 과정과 시대 초월적 속성이 뒤섞여 있다. 그래서 하이데거는 의심스럽게도 가속화에 의한 "일상 세계의 파괴"의 원인을 현존재의 본성에 내재하는 "가까움을 향한 경향"에서 찾는다. "현존재는 본성상 거리를 제거하려 한다ent-fernend. 현존재는 그 자신 존재자로서 언제나 존재자를 가까이 오게 한다. 〔······〕 **현존재 속에는 본성적으로 가까움을 향한 경향이 있다.** 우리가 오늘날 어느 정도 타의적으로 함께 따라가고 있는 모든 종류의 가속화는 먼 거리의 극복을 독려한다. 예컨대 '라디오'와 함께 오늘의 현존재는 일상적 환경의 확장과 파괴를 통해 현존재의 감각으로는 아직 조감할 수 없는 '세계'의 탈거리화를 수행하고 있다."[76] 내가 나의 주변 환경을 열어가는 데 필요한 "탈-거리화Ent-fernung"라는 현존재의 존재 양식이 **공간 자체의 폐기**를 향해 나아가는 저 고삐 풀린 가속화와 대체 무슨 관계가 있을까? 하이데거는 라디오 열광의 시대, 이 "조급성의 시대"의 바탕에 현존재가 공간적 방향 설정을 위해 본성적으로 지니고 있는 "가까움을 향한 경향"을 훨씬 더 멀리 넘어서는 힘이 작용하고 있다는 것을 인식하지 못한다. 공간 자체의 완전한 제거Entfernung는 현존재에게 공간적으로 존재할 수 있게 해주는 "탈-거리화"와는 완전히 다른 것이다.

새로운 미디어는 공간 자체를 철폐한다. 하이퍼링크는 길을 없애버린다. 전자우편은 산과 대양을 정복할 필요가 없다. 정확히 말하면 전자우편은 더 이상 '수중에zuhanden' 들어오지 않는다

---

76 Martin Heidegger, *Sein und Zeit*, p. 105.

(편지 수신인 이름 앞에 zuhanden이라고 씀으로써 '아무개 수중에'라고 표현하는 것을 암시한다―역자). 그것은 수중에 들어오는 것이 아니라 곧바로 눈으로 달려든다. 뉴미디어의 시대는 내파 Implosion의 시대다. 공간과 시간은 내파되어 여기와 지금이 된다. 모든 것이 탈거리화된다. 탈거리화해서는 안 되는 신성한 공간, 비워져 있다는 것을 본질로 하는 그런 공간은 더 이상 없다. 향기로운 공간은 쉽게 모습을 드러내지 않는다. 아우라적인 거리는 그러한 공간의 본질에 속한다. 사색적인, 머무르는 시선은 탈거리화하지 않는다. 하이데거 자신도 후기 저작에서는 한계를 모르는 세계의 탈거리화에 대해 반대 입장을 취한다. 그리하여 근원은 "벗어남 속에 머뭇거리고 자기를 아끼는"[77] 어떤 것이다. 근원은 자기를 내어주지 않는다. 하이데거에 따르면 근원과의 가까움이란 "쉽게 주지 않는 가까움"[78]이다.

하이데거가 존재론적 상수로 일반화하는 "세인Man"이란, 사실 **그가 속한 시대**의 현상이다. 세인은 하이데거의 동시대인이다. 그래서 "세인"의 시간 경험은 프루스트에 따르면 "조급성의 시대"를 특징적으로 보여주는 "영화적" 시간에 정확히 상응한다. 시간은 단순히 점적인 현재의 연속으로 흩어져버린다. "세인"은 "'사

---

77 Martin Heidegger, *Unterwegs zur Sprache*, Pfullingen 1959, p. 169.

78 Martin Heidegger, *Erläuterungen zu Hölderlins Dichtung*, Gesamtausgabe Bd. 4, Frankfurt a. M. 1981, p. 25.

태Sache'에 거의 몰두하지 못하기 때문에 시야를 넓히고서도 바로 옆에 있는 것은 도외시한다."[79] "세인"은 채널을 돌리듯 세계를 돌아다닌다. 이를 하이데거는 "머무르지 못하는 산만함" 또는 "**머무름의 부재**Aufenthaltslosigkeit"라고 표현한다.

하이데거는 일찍이 존재의 공허가 삶의 과정이 가속화되는 상황과 연관이 있다는 것을 인식하였다. 1929/30년의 강의에서 하이데거는 다음과 같이 말한다. "우리는 왜 우리 스스로에 대해 아무런 의미도 발견하지 못하는가? 즉 존재의 본질적 가능성을 찾을 수 없는가? 우리가 그 이유조차 알 수 없는 어떤 **무관심성**이 모든 사물에서 나와 우리를 향해 하품하기 때문에? 하지만 전 세계적인 교통과 교류, 기술, 경제가 인간을 휩쓸어 계속 움직이게 만드는 상황에서 누가 그렇게 말할 수 있을까?"[80] 하이데거는 전반적인 조급함의 원인을 정적, 긴 것, 느린 것에 귀 기울이지 못하는 무능력에서 찾는다. 지속성이 사라지자 지속성의 결핍, 존재의 결핍을 만회하기 위해 순전히 양적인 증대에 지나지 않는 가속화가 시작된다. "**빠름.** 〔……〕 보이지 않는 성장의 정적을 견디지 못하는 것. 〔……〕 순전히 양적인 증대, 금세 사라져버리는 것이 아니라 영원을 열어주는 진정 순간적인 것을 보지 못하는

---

79 Martin Heidegger, *Sein und Zeit*, p. 347.

80 Martin Heidegger, *Die Grundbegriffe der Metaphysik. Welt—Endlichkeit— Einsamkeit*, Gesamtausgabe Bd. 29/30, Frankfurt a. M. 1983, p. 115.

맹목."[81]

하이데거의 시간 철학은 그가 속한 시대에 결부되어 있다. 그의 시간 비판적 진술들, 예컨대 만성적인 시간 부족에 대한 진술도 그의 시대에 해당되는 것이다. "왜 우리는 시간이 없는가? 우리는 어째서 시간을 잃어버리지 않으려 하는가? 시간을 필요로하고 시간을 이용하려 하기 때문이다. 무엇을 위해서? 우리의일상적인 사무를 위해서. 우리는 이미 오래전에 그런 일들의 노예가 되어버린 것이다. 결국 **시간이 없다**는 이러한 의식은 예전처럼 시간을 미루며 낭비하는 것보다 **더 큰 자아의 상실**을 가져온다."[82] 이제 어떤 부산함과 성급함을 통해서도 강제될 수 없는 "현존재 속의 본질적인 것"이 강력히 요청된다. "고유한" 실존은 "느리다." 하이데거는 점적인 현재와 불연속성을 특징으로 하는 "근대"[83]에 대해 분명한 반대 입장을 밝힌다. "세인"은 근대의 특징적 현상으로서 오직 현재의 좁은 첨단만을 지각할 뿐이다. 그는 하나의 현재에서 다른 현재로 쫓겨간다.

시간의 해체는 현존재의 동일성도 위협한다. 현존재는 날마다

---

81 Martin Heidegger, *Beiträge zur Philosophie*, Gesamtausgabe Bd. 65, Frankfurt a. M. 1989, p. 121.

82 Martin Heidegger, *Die Grundbegriffe der Metaphysik*, p. 195.

83 Martin Heidegger, *Sein und Zeit*, p. 391 참조. "세인은 곧바로 올 새로운 것을 기대하면서 벌써 옛것을 잊어버렸다. 〔……〕 고유하지 않은 역사적 실존은 〔……〕 그 자신에게 낯설게 된 '과거'의 유산을 짊어진 채, 모던한 것을 찾는다."

"일어나는passieren 수많은 사건 속으로" "흩어져버린다."[84] 현존 재는 "오늘의 현재화" 속에 "실종"되며, 이로써 자기 자신의 연속성을 상실한다. 조급성의 시대는 "산만"의 시대이다. 그리하여 자신을 "**산만성**Zerstreuung"과 "무연관성Unzusammenhang"에서 건져내 추스르고자 하는 욕구가 깨어난다. 그러나 서사적 동일성은 하나의 연관성만을 수립할 뿐이다. 반면 하이데거의 동일성 전략은 "본원적인, 잃어버린 것이 없는, 하나의 연관성도 결핍되어 있지 않은 실존 전체의 연장성."[85] 즉 "현존재가 탄생과 죽음, 그리고 그 '사이'를 운명으로서 자신의 실존 속에 '내적으로 관련짓는' 연장된 항상성"의 획득을 지향한다. 운명적 전체의 연장성, 즉 **역사**는 하나의 연관성을 정립하는 이야기 이상의 것이다. 그것은 서사적으로 구성된 이미지가 아니라 탄생과 죽음, 그리고 그 '사이'를 포괄하는 서사 이전의 틀이다. 현존재는 자신의 동일성을 이야기로 구성하기 이전에 자기 자신을 확인한다. 하이데거의 시간 및 동일성 전략은 자기 시대의 서사적 위기에 대한 응답이었다. 그것은 전반적인 탈서사화의 시대에 여전히 가능할지도 모르는 동일성을 정식화한다.

『존재와 시간』의 바탕에 놓여 있는 것은 시대적 조건 속에서

---

84 같은 책, p. 389.
85 같은 책, p. 390.

나온 통찰로서, 이에 따르면 역사적 의미의 소멸이 시간을 고립된 사건들의 빠른 연속으로 해체하며, 시간은 중력을 잃고 의미에 닻을 내리지 못한 채 근거도 목적도 없이 마구 내달려가고 있다. 하이데거의 시간 전략은 다시 시간의 닻을 내리는 것, 시간에 중대한 의미를 부여하고 새로운 받침대를 마련하는 것, 시간을 다시 역사의 자장 안으로 끌어들임으로써 시간이 의미 없이 점점 가속화되기만 하는 사건들의 연속으로 흩어져버리지 않게 하는 것이다. 하이데거는 역사의 종말이라는 임박한 위기에 맞서서 강력하게 역사를 요청한다. 하지만 그 역시 시간의 질서를 되찾아줄 중력, 또는 역사적 의미가 더 이상 신학적이거나 목적론적인 성격의 것일 수 없음은 잘 알고 있다. 그런 문제에서 벗어나기 위해 그는 실존주의적 역사 개념에서 대안을 찾는다. 이제 역사적 장력은 자기Selbst의 강조에서 나온다. 하이데거는 시간의 지평들을 자기 중심적으로 엮음으로써 시간의 다발을 만든다. 역사는 **일정한 방향을 지닌** 시간으로서, 시간의 붕괴를, 즉 시간이 점적인 현재의 연속으로 흩어져버리는 것을 막아준다. 이때 방향을 정해주는 것은 자기이다. 고유한 역사성의 정수인 "자기의 항구성"은 사라지지 않는 지속을 의미한다. 그것은 흘러가버리지 않는다. 고유하게 존재하는 자는, 말하자면 늘 시간이 있다. 그가 항상 시간이 있는 것은 시간이 곧 **자기**이기 때문이다. 그는 자기 자신을 잃어버리지 않기 때문에 시간도 잃어버리지 않는 것이다.

"고유하게 존재하지 못하는 자가 항상 시간을 잃어버리고 늘 시간을 '가지지' 못하는 것과 같은 이유에서, 결단코 시간을 잃어버리지 않고 '언제나 시간이 있다' 는 것은 시간적인 면에서 고유한 실존이 지니는 탁월한 특성이다."[86] 빠듯한 시간은 고유하지 못한 실존의 증상이다. 고유하지 못한 실존 속의 현존재는 **자기 자신을** 세계에 빼앗기는 까닭에 시간을 잃어버린다. "단호하지 못한 자는 염려의 대상에게 분주하게 매달리며 **자기 자신을** 잃어버리고, 염려의 대상으로 인해 **자기 시간을 잃어버린다.** 따라서 그런 이들은 입버릇처럼 '나는 시간이 없어' 라고 말하게 되는 것이다." 하이데거의 시간 전략은 결국 '나는 시간이 없어' 를 '나는 늘 시간이 있어' 로 전환시키는 데 있다. 그것은 지속성의 전략이며, 자기의 실존적 동원을 통해 **시간에 대한 잃어버린 주권을** 다시 확립하기 위한 시도이다.

하이데거는 후기 저작에서 점점 더 역사적 시간 모델과 멀어져 간다. 이제 역사 대신에 계절이나 그 밖의 반복의 이미지들이 등장한다. "계절에 따라 변화하는 들길의 공기 속에서 지적인 쾌활함이 번성한다. 〔……〕 그 길 위에서 겨울의 폭풍과 추수의 날이 마주치고, 봄철의 활기찬 홍분과 가을의 침착한 죽음이 만나며, 청춘의 장난기와 노년의 지혜가 서로를 바라본다. 그러나 단 한

---

86 같은 책, p. 410.

번의 일치된 울림이 들길 위에 잔잔하게 이리저리 메아리쳐 나아가면, 모든 것이 청명해진다."[87] 계절들의 울림이 "고요하게 조화를 이루고" 메아리 속에서 계속된다는 것, "이리저리" 나아가며 새로워진다는 것은 지속성의 세계를 암시한다. 세계는 자기 안에서 요동하는 소리의 공간으로서 그 속에서는 어떤 소리도 잠잠해지지 않고, 아무것도 사라지지 않는다. "수확의 놀이"는 아무것도 소멸하거나 흩어지게 내버려두지 않고, 충만한 지속성을 만들어낸다. "서늘한 가을날 속에서 여름의 불은 청명함으로 완성된다. 〔……〕 속에 여름을 품고 있는 서늘한 가을의 청명함은 매년 이 들길을 수확의 놀이로 에워싼다."[88]

하이데거는 거듭 왕복의 이미지로 회귀한다. 그것은 역사적 시간의 반대 이미지다. 왕복 속에서 시간은 거의 정지한 것과 마찬가지가 된다. 이로써 지속성이 **생겨난다**(entstehen은 일반적으로 '생겨나다'를 의미하지만, 여기서는 ent라는 전철과 stehen 사이에 하이픈을 넣음으로써 '나와서-서다'의 의미를 암시한다—역자). 하이데거의 시 「시간」을 읽어보자. "얼마만큼이나?/그것, 시계가 설 때 비로소,/왔다 갔다 하는 시계추의 운동 속에서/그대는 듣

87 Martin Heidegger, "Der Feldweg," *Aus der Erfahrung des Denkens*, Gesamtausgabe Bd. 13, Frankfurt a. M. 1983, pp. 87~90. 지금 인용한 대목은 p. 90.

88 Martin Heidegger, *Feldweg-Gespräche*, Gesamtausgabe Bd. 77, Frankfurt a. M. 1995, p. 4.

는다. 시계가 가고, 갔고, 더 이상/가지 않는다는 것을./이미 늦은 오후, 시계는/그저 시간의 빛바랜 흔적,/유한의 가까이서/유한으로부터 나와서 서는 시간의."[89] 시계추의 왕복운동은 주기적 변화 속에서 지속성을 수립한다. 하이데거의「들길Der Feldweg」도 시계추처럼 구성되어 있다.「들길」은 다음과 같은 말로 시작된다. "들길은 궁성 정원의 문에서 나와 엔리트로 이어진다." 그리고 이 글의 마지막 부분에는 다음과 같이 적혀 있다. "엔리트에서부터 길은 다시 궁성 정원의 문으로 돌아간다." 이러한 왕복을 통해 들길은 반복과 수확의 이미지가 된다. 되돌아오지 않고 나아가는 것은 없다. 가는 모든 것은 마치 메아리처럼 붙들려 돌아와야 한다. 이런 왕복운동은 아이들의 놀이 속에도 나타나 있다. "떡갈나무 껍질로〔……〕소년들은 배를 깎았다. 노 젓는 의자와 조종간을 갖추고 메텐바흐나 슐브룬넨을 떠다니던 배들. 세계를 항해하는 장난감배들은 가볍게 **목적지**에 도달했다가 다시 물가로 **돌아왔다**."[90] 그 무엇도 불확실한 세계로 종적을 감추는 법은 없다. 그 무엇도 변화에 휩쓸리지 않는다. 들길은 영원한 반복이 일어나는 고요한 장소이다. 모든 것은 한데 모여 있다. "들길은 그 길 근처에 존재하는 것은 무엇이든 모아들인다. 그리고 그 길

---

89 Martin Heidegger, *Aus der Erfahrung des Denkens*, p. 221.
90 같은 책, p. 88. 강조 표시는 인용자.

을 지나는 모두에게 자신의 것을 나누어준다." 모든 것은 무시간적으로 타당한 "본질," 영원한 현재 속에 거하고 있다. 들길의 왕복은 세계를 조용히 잠재워 "동일한 것" 속으로 들어가게 한다. 왔다 갔다 하는 들길의 진자 운동으로부터 세계가 나와서 선다 ent-steht. 들길은 또렷한 윤곽을 지닌, 자기 안에서 진동하는 지속성의 세계를 상징한다. 모든 것은 조감할 수 있는 질서에서 나오는 단순하고 깨끗한 빛 속에 놓여 있다. 아무것도 어머니의 눈과 손을 벗어나지 못한다. "사물들의 왕국은 어머니의 눈과 손에 둘러싸여 있다. 마치 그녀의 말없는 보살핌이 모든 존재를 지켜주고 있는 듯했다."

들길은 어떤 **목표**를 향해 나아가지 않는다. 들길은 오히려 사색적으로 자기 안에 머물러 있다. 그것은 사색적 삶을 상징적으로 보여준다. 왕복운동은 길을 목표에서 해방시키지만, 그렇다고 산만성의 파괴적 힘에 내던져버리지도 않는다. 들길에는 뭔가 독특한 집중성이 내재한다. 들길은 뻗어가지 않고 머물러 있다. 들길은 방향이 정해져 있는 시간, 경련하는 듯한 노동의 시간을 잠잠한 지속성으로 만들어준다. 사색적 머무름의 장소로서 들길은 어떤 목적이나 목표도 필요하지 않은 거주의 이미지, 신학이나 목적론이 없어도 괜찮은 그런 거주의 이미지가 된다.

세계는 "땅과 하늘, 신적인 존재와 유한한 인간"의 "윤무"[91]이다. "윤무"는 영원한 자전운동으로서, 일종의 시간 공식이기도

하다. 윤무는 모든 시간적, 공간적 분산을 방지한다. 모든 것은 세계의 "고리" 속에, "세계의 찬란한 단순성" 속에 결집되어 있다. "하늘" 또한 무시간적인 자전운동이며, 영원한 왕복이다. "일몰, 달의 운행, 찬란한 별빛들, 계절, 낮의 빛과 어스름, 밤의 어둠과 밝음, 좋은 날씨와 험악한 날씨, 구름의 행렬과 창공의 푸르른 깊이." 세계의 엄격한 대칭적 구조는 시간적인 차원에서 시간이 멈추어 서 있는 듯한 인상을 불러일으킨다. 항상 동일하게 지속되는 움직일 수 없는 질서를 암시하는 세계의 대칭성은 언어적인 차원으로까지 이어진다. 하이데거는 특별한 언어적 이미지로 그러한 대칭성을 강조하는 것이다. 하이데거의 철학은 논증뿐만이 아니라──의심스럽게도──시로도 이루어져 있다. 의도적으로 사용된 구문과 운의 구조는 예컨대 영원히 타당한 질서의 느낌을 불러일으킨다. 그리하여 한 시에서는 세계의 아름다운 대칭적 질서가 "피어룽"(교회에서 가로축 건물과 세로축 건물이 교차하는 방형의 공간, 4를 의미하는 vier에 동사를 명사화하는 어미 ung이 결합해 만들어진 합성어이다──역자)과 같은 것으로서 환기되고 있는데, 이 시가 두 개의 연으로, 다시 각 연이 대칭적으로 구성된 네 개의 시행으로 이루어진 것은 우연이 아니다. 그 "찬

---

91 Martin Heidegger, *Vorträge und Aufsätze*, Gesamtausgabe Bd. 7, Frankfurt a. M. 2000, p. 182.

란한 단순성의 빛"은 "비는 똑똑 듣는다Regen rinnt/축복은 곰곰 생각한다Segen sinnt"에서 완성된다.

숲은 고요히 쉰다
계곡물은 쏟아진다
절벽은 영구하다
비는 똑똑 듣는다

밭은 기다린다
샘물은 솟는다
바람은 거주한다
축복은 곰곰 생각한다

떡갈나무의 냄새

왜 사람들은 한 번도 느림의 신을
생각해내지 않았을까?
—페터 한트케

전반적으로 삶의 과정이 가속화되면서 인간은 사색적 능력을
상실한다. 그리하여 오직 사색적인 머무름을 통해서만 모습을 드
러내는 것들은 인간이 접근할 수 없는 영역에 갇히고 만다. 그러
나 가속화가 먼저 발생하고, 그것이 원인이 되어 사색적 삶의 상
실이 따라오는 것은 아니다. 가속화와 사색적 삶의 상실 사이의
관계는 더 복잡하다. 사색적으로 머물러 있지 못하는 무능력이
어떤 원심력을 발생시켜, 이로부터 전반적인 조급증과 산만성이
초래될 수도 있는 것이다. 결국 삶의 과정이 가속화된 것도, 사
색적 능력이 없어진 것도, 사물이 스스로 존재하며 그렇게 존재
하는 가운데 영원히 머물러 있을 거라는 믿음을 실종시킨 역사적
구도에서 그 원인을 찾을 수 있을 것이다. 세계의 전반적인 탈소

여화는 사물에서 고유의 광채를, 고유의 무게를 모조리 빼앗고 그것을 제작 가능한 대상으로 격하시킨다. 사물은 시간과 공간의 제약에서 벗어나 만들 수 있고 제작할 수 있는 대상이 된 것이다. 소여성이 물러나고 제작이 그 자리를 대신 차지한다. 존재는 소여성을 상실하고 과정으로 전락한다.

하이데거는 근대적 기술에서 존재를 탈소여화하여 조종하고 계획할 수 있는 과정으로 만들어버릴 위험을 발견한다. 하이데거의 "존재"는 바로 과정의 대립자이다. 진행되는 과정은 끊임없는 변화를 함축한다. 반면 존재는 전진하지 않는다. 존재는 자기 안에서 진동하며 "동일한 것" 속에 머물러 있다. 그 점에서도 존재의 소여성을 확인할 수 있다. "단순한 것은 머물러 있는 것, 위대한 것의 수수께끼를 간직한다. 그것은 사람들 사이에 갑작스레 찾아들지만, 오랜 성장의 시간을 필요로 한다. 언제나 동일하여 눈에 잘 띄지 않는다는 것, 단순한 것의 축복은 그 속에 숨어 있다."[92] 과정은 어떤 목표를 향하여 전진한다. 과정의 기능적 목적론은 가속화를 의미 있게 만든다. 더 빨리 목적지에 도달할수록, 그 과정은 더욱 효과적인 것이다. 가속화는 순전히 기능적인 과정의 내재적 성질이다. 그리하여 오직 계산과정만을 아는 프로세서는 가속화의 압력 속에 놓인다. 프로세서는 자신에게 고유한

---

92 Martin Heidegger, *Aus der Erfahrung des Denkens*, p. 89.

의미 구조나 고유한 박자를 가지고 있지 않기 때문에, 그리하여 모든 머뭇거림을 장애 요인으로밖에 간주하지 않는 순수한 기능적 효율성으로 환원되기 때문에, 얼마든지 가속화할수록 좋은 것이다. 컴퓨터는 머뭇거리지 않는다. **노동**으로서의 순수한 계산은 구조적인 면에서 머무름의 세계를 알지 못하는 시간성에 의해 결정된다. 과정의 시각에서 머무름이란 가능한 한 빨리 극복해야 할 일시정지 상태에 지나지 않는다. 휴식은 기껏해야 계산 작업의 효율성이라는 관점에서 아무 의미도 없는 중단의 시간일 뿐이다. 하이데거는 다음과 같이 쓴다. "경솔Übereilung과 놀라움 Überraschung. 〔……〕 전자는 계산하다가 저지르는 것이다./후자는 예감하지 못한 것에서 온다./전자는 계획을 따른다./후자는 머무름을 찾는다."[93]

사색적 머무름은 지속하는 사물을 전제한다. 빠르게 연속되는 사건이나 이미지 들에 오래 머물러 있는 것은 불가능하다. 이러한 전제 조건을 충족시키는 것은 무엇보다도 하이데거가 말하는 "사물"이다. 그것은 지속성의 장소이다. 흥미롭게도 하이데거는 "머무르다verweilen"라는 동사를 "모으다versammeln"라는 의미의 타동사로도 사용한다. 인간은 사물들 곁에 머무를 수 있으니, 그것은 사물들이 지속하는 세계의 연관들을 **모아들이기**verweilen 때

---

93 같은 책, p. 153.

문이다. 세계를 모아들인다는 타동사적 행위는 사물들 곁에 머무른다는 자동사적 행위를 가능하게 하는 것이다. "사물은 사물적으로 된다. 사물은 사물적으로 되면서 땅과 하늘을, 신적 존재들과 유한한 인간들을 모아들인다. 사물은 모아들이면서 서로 멀리 떨어져 있는 이 넷을 가까이 가져온다."[94] 땅은 "지으며 떠받치는 자, 기르며 열매 맺는 자로서 강과 바다, 바위, 초목, 짐승을 품는다." 하늘은 "일몰, 달의 운행, 찬란한 별빛들, 계절들, 낮의 빛과 어스름, 밤의 어둠과 밝음, 좋은 날씨와 험악한 날씨, 구름의 행렬과 창공의 푸르른 깊이"이다. 사물들에 반영되어 있는 영원히 타당한 세계의 좌표에 따라 인간의 거주도 마치 나무가 자라듯이 "느리고 꾸준한"[95] 것이 되어야 한다. 하이데거의 토착성과 고향의 철학은 이미 오래전부터 흔들리기 시작한, 아예 소멸해버릴 위기에 처한 정주의 터전을 안정시키려는 시도이다. 하이데거의 사물은 사용과 소비의 손길에서 벗어나 있다. 그것은 사색적 머무름의 장소이다. 하이데거에게 항아리Krug는 세계 안에서의 정주Aufenthalt를 가능하게 해주는 사물의 좋은 사례가 된다. 그가 하필이면 항아리를 사물의 사례로 꼽은 것은 물론 우연이 아니다. 항아리는 담아두는 용기Behälter이기 때문이다. 항아리는 내용물Inhalt이 흘러내리거나 줄줄 새지 않도록 받쳐준다

---

94 Martin Heidegger, *Vorträge und Aufsätze*, pp. 179 이하.
95 Martin Heidegger, *Aus der Erfahrung des Denkens*, p. 88.

Halt. 하이데거는 이러한 항아리의 **특수한** 속성을 이용하여 사물 **일반**이 무엇인지를 보여주려고 한다.[96]

하이데거는 "거주"를 "사물들 곁에서의 정주"라고 정의한다.[97] 그는 사물 곁에서 머무르기라고 말할 수도 있었을 것이다. 그런데 머무르기 위해서 필요한 것은 받침대이다. "여러 규칙을 세우는 것보다 더 본질적인 일은 인간이 정주를 위해 존재의 진리 속에 도달하는 것이다. 이러한 정주를 통해서 비로소 오래 보존할 수 있는 것das Haltbare에 대한 경험이 가능해진다. 〔……〕 우리말에서 'Halt'는 '보호Hut'를 의미한다. 존재란 밖으로 나와 서 있는ek-sistent 자로서의 인간을 자신의 진리 쪽으로 지켜주는 보호자이다. 〔……〕"[98] 존재가 아니라면 인간은 의지할 곳도, 보호

---

96 하이데거의 사유는 예시의 선택이나 운, 발음, 어원과 같은 언어적 특수성에 지나치게 의존하고 있다. 이러한 층위에서 그의 사유 속에 들어가보면 해체의 위험 앞에 노출되어 있는 심각한 취약성이 드러난다. "항아리Krug"라는 예는 무엇보다 그 언어적 특성 덕택에, 이를테면 Kanne(주전자)보다 사물의 이론 또는 사물의 신학을 예증하는 데 훨씬 더 적합하다. 이미 발음의 측면에서 (마지막에 폐쇄자음과 중간에 폐모음을 가진) "Krug"은 (하나의 개모음에다 마지막에 모음이 하나 더 추가된) "Kanne"에 없는 폐쇄성을 보여준다. 이러한 폐쇄성 덕택에 "Krug"이라는 단어는 실제로 공기를 멎게 한다. 게다가 Kanne의 어원(라틴어 canna, 즉 수로)은 Krug과는 반대로 멈춤이나 붙들기Halt를 암시하지 못한다. 이 단어는 오히려 흐름, 흘러감을 연상시킨다. 언어적 측면에서뿐만 아니라 형태의 측면에서도 Krug은 위쪽으로 가면서 가늘어지기 때문에 Kanne보다 더 닫혀 있는 느낌을 준다. 'volle Kanne'와 같은 관용구(본래 '가득 찬 주전자'라는 뜻으로 '전력을 다하여' '전속력으로' 등의 숙어적 의미를 지닌다)도 이 단어가 하이데거의 후기 철학에 본질적인 의미를 지니는 사색적 평정과 느긋함과는 전혀 어울리지 않음을 보여준다.

97 Martin Heidegger, *Vorträge und Aufsätze*, p. 153.

98 Martin Heidegger, *Wegmarken*, Frankfurt a. M. 1978, p. 191.

받을 길도 없는 신세다. 받침대Halt가 비로소 시간을 붙잡아주고 verhalten, 오래 보존할 수 있는 것das Haltbare을 만들어낸다. 받침대가 아니라면, 시간의 댐이 무너지고 시간은 거세게 흘러가버릴 것이다. 시간은 안정을 잃고 마구 쏟아져갈 것이다. 결국 가속화는 불안정하다는 것, 정주할 곳이 없다는 것, 받침대가 존재하지 않는다는 것에서 그 원인을 찾을 수 있다. 가속화된 장면들과 사건들의 연속이 오늘날 세계의 걸음걸이라면, 이는 곧 받침대의 부재에 대한 표현인 것이다. 생활세계의 전반적인 가속화는 단지 증상일 뿐이고, 그 원인은 더 깊은 층위에 놓여 있다. 느리게 살기나 긴장 이완의 기법은 거칠게 쏟아져가는 시간을 막을 수 없다. 그런 기법이 문제의 원인을 제거해주는 것은 아니기 때문이다.

사실 세계는 거의 대부분 인간 자신이 제작한 사물과 질서로 구성되어 있다. 반면 하이데거의 세계는 인간의 개입 이전부터 언제나 존재해온, 이미 주어져 있는 그런 세계이다. 이처럼 이미 늘 전부터 있었다는 것이 하이데거적 세계의 소여성을 이룬다. 그것은 모든 인간의 간섭에서 벗어나 있는 하나의 선물이며, 영원한 반복의 세계이다. 근대의 기술로 인해 인간이 점점 더 땅에서, 대지에서 멀어져가고 동시에 땅의 강제에서 해방되어가는 상황에서, 하이데거는 오히려 "토착성"을 고집한다. 인류가 결국 생존할 수 있었던 것은 탈소여화와 세계의 제작 덕택이겠지만,

하이데거는 어떤 탈소여화도, 어떤 형태의 세계 제작도 회의적인 시선으로 바라본다. 하이데거는 조종할 수 있고 제작할 수 있는 과정으로 탈소여화된 세계에 맞서 "만들 수 없는 것" 또는 "비밀"에 강하게 호소한다.

하이데거는 지속성을 수립하기 위한 시간 전략으로서 보존의 전략을 구사한다. 하이데거에 따르면 인간은 자신의 "기원에 심적으로 예속되어 있는"[99] 존재다. 오직 "오래된 기원"만이 인간에게 "아늑한" 느낌을 줄 수 있다. "나이"는 곧 "지혜"다. 따라서 하이데거는 아무것도 전승되지 않고 모든 것이 매우 빠르게 낡아버리는 근대, 그리하여 현재가 점점 축소되어가는 근대에 등을 돌린다. "지혜"는 연속성과 지속의 바탕 위에서 생겨난다. 하이데거의 세계 속에서는 수용하고 상속받고 반복해야만 하는 변치 않는 질서가 지배하고 있다. 그는 새로운 것에 대한 강요에 맞서 "늘 같은 것"을 앞세운다.

소여성의 특징 가운데 하나로 꼽을 수 있는 것은 다가옴을 허용하다sich-angehen-lassen, 던져진(피투성의geworfen), 부름을 받은gerufen 등의 표현에서 잘 드러나듯이 수동성이다. 다가옴을 당하는Angegangensein 수동성은 **앞서 가는**Vorgehen 능동성과 대비를 이룬다. 하이데거는 의도적으로 수동성을 세계의 탈소여화에

---

99 Martin Heidegger, *Aus der Erfahrung des Denkens*, p. 89.

대한 저항에 동원한다. 하이데거의 사물도 인간을 어떤 수동성 속에 빠뜨린다. 사물은 인간을 "사물적으로 된 자Be-Dingter"(본래 bedingt는 '조건 지어진, 제약된'과 같은 의미로서 Bedingter는 제약된 자, 유한자를 뜻하지만 하이데거는 그 단어 속에도 사물Ding이라는 말이 들어 있음에 주목한다―역자)로 만들기 때문이다. 사물적으로 된 인간은 사물들의 곁에 머문다. 사물은 제작과정에 종속되는 생산품이 아니다. 사물은 인간에 대해 일정한 자율성을, 아니 더 정확히 말해 일정한 권위를 획득한다. 사물은 인간이 수용하고 따라야 할 세계의 중심重心이 된다. 제약 작용을 하는(사물적으로 만드는) 사물 앞에서 인간은 제약받지 않는 자(사물적으로 되지 않은 자)를 자처하며 반항할 생각을 해서는 안 된다.

신은 "만들어낼 수 없는 것," 개입하는 인간의 손길에서 벗어나 있는 존재를 상징한다. 신이야말로 제약받지 않는 자der Un-Bedingte이다.[100] 세계는 탈소여화되고 전면적인 제작의 대상이 됨에 따라 완전히 신이 없는 상태가 된다. "궁핍한 시간"은 신이 없는 시간이다. 인간은 마땅히 "사물적으로 제약된 존재" "유한한 존재"로 남아 있어야 한다. 죽음을 폐기하려는 시도는 신성모

---

100 하이데거가 뮌헨에서 "사물에 대하여"라는 강연을 한 직후에 발표된 『차이트』지의 기사(1950년 6월 15일자)에는 다음과 같이 기록되어 있다. "하이데거 뒤에는 거대한 로마네스크 양식의 십자가가 걸려 있었다. 홀에 있는 대부분의 사람들에게 하이데거는 마치 예수 그리스도를 경배하며 서 있는 것처럼 보였다."

독이며 인간적 간계일 뿐이다. 죽음의 폐기는 결국 신의 폐기로 이어질 것이다. 하이데거는 고통받는 인간homo doloris, 고통의 철학자로 남았다. 고통받는 인간만이 "영원한 것"의 향기를 맛볼 수 있을 것이다. 아마도 하이데거라면 죽음의 폐기가 **안트로포스** (인류)의 종말을 의미한다고, 불멸의 존재가 된 인간은 자기 자신을 새로이 발명해야 할 거라고 말할지도 모른다.

하이데거의 "존재"는 시간적 측면을 가지고 있다. "머무르다, 지속되다, 영속적이다……는 '존재'라는 단어의 옛 의미다."[101] 오직 존재만이 머무를 수 있게 해준다. 존재는 머무르고, 지속된 다. 따라서 조급성과 가속화의 시대는 존재에 대한 망각의 시대 이기도 하다. 「들길」역시 부단히 지속과 느림을 환기한다. "성 채 뒤에 성 마르틴 교회의 탑이 솟아 있다. 밤하늘 속에서 시간 을 알리는 열한 번의 종소리가 천천히, 거의 머뭇거리기라도 하 듯이 사라져간다."[102] "머뭇거리다" "기다리다" "인내"[103]와 같은

---

[101] Martin Heidegger, *Der Satz vom Grund*, Gesamtausgabe Bd. 10, Frankfurt a. M. 1997, p. 186.

[102] Martin Heidegger, *Aus der Erfahrung des Denkens*, p. 90.

[103] 레비나스는 하이데거와 매우 다르지만 적어도 그가 타자의 형이상학을 위한 기초 로 삼는 시간적 실천은 하이데거의 사상에서도 특징적으로 나타난다. 레비나스 역 시 하이데거와 정확히 동일한 시간적 이미지에 의지하고 있다. "시간의 수동적 종 합, 즉 인내는 기다리는 목표가 없는 기다림이다. 특정한 기대를 가짐으로써, 그리 고 장악하고 미리 예견하여 파악하는 입장에 따라 그러한 기대가 충족됨으로써 마 비되어버리는 기다림. 기다림으로서의 시간──능동적 행위와 상관관계에 있는 모 든 수동형보다 더 수동적인 인내──은 파악할 수 없는 것을 기다린다"(Emmanuel

시간적 이미지들은 즉시 다룰 수 있는 현재에서 벗어나는 모든 것에 대해 긍정적 관계를 수립해준다. 이들은 박탈과 상실의 상태를 표현하는 것이 아니다. 오히려 여기서 두드러지게 나타나는 것은 **더 적을수록 더 많다**는 생각이다. 기다림은 특정한 뭔가가 올 것이라는 계산이 아니다. 오히려 기다림이 가리키는 것은 어떤 형태의 계산으로도 포착할 수 없는 것과의 관계이다. 머뭇거림 역시 우유부단을 의미하지 않는다. 머뭇거림은 포획하고자 하는 모든 단호한 움직임에서 벗어나는 것과의 관계이다. 즉 그것은 "벗어나는 것 속으로 들어가는" 긍정적 흐름인 것이다.[104] "만들어낼 수 없는 것 앞에서의 조심스러움에서 오는 느린 속도"가 머뭇거림에 영혼을 불어넣는다. 사상가는 "이러한 흐름이 일으키는 바람" 속에서 참고 기다려야 한다. "바람이 닿지 않는 곳"으로 도망치는 대신.

"궁핍한 시간"은 향기가 없는 시간이다. 이 시간에는 지속적인 것, 그리하여 넓은 시간 범위를 넘어서 안정적인 결속관계를 만들어내는 것이 존재하지 않는다. 하이데거는 "긴lang" "느린langsam"

Levinas, *Wenn Gott ins Denken einfällt*, Freiburg/München 1985, pp. 92 이하). 이처럼 파악할 수 없는 것, 모든 전유와 현재화의 시도에서 빠져나가는 타자는 시간적으로 미래에 놓인다. "〔……〕 미래는 장악되지 않는 것, 우리에게 엄습하여 우리를 지배하는 것이다. 미래, 그것은 타자이다"(Emmanuel Levinas, *Die Zeit und der Andere*, Hamburg 1984, p. 48).

104 Martin Heidegger, *Was heißt Denken?*, Tübingen 1984, p. 52.

과 같은 표현을 정말 지나칠 정도로 많이 사용한다. "미래의 사람들"은 "느린langsam, 오래 듣는langhörig" 진리의 "창설자"로서,[105] "느린 것에 대한 긴 용기"[106]를 가지고 "결연한 태도로 참고 기다리며" "예측할 수 없는 것의 느린 표징"[107]을 추적한다. 바로 "떡갈나무의 냄새"가 이런 길고 느린 것의 향기를 상징한다. "의미"를 정립하는 "들길"을 통해 "영원한 것"의 향기가 날려 온다. 다만 하이데거가 말하는 "의미"는 목적론적이지도 전망적이지도 않다. 그것은 실현해야 할 어떤 목표나 목적에 의해 규정되지 않는다. 여기에는 방향이 없다. 그 의미의 구조는 서사적이거나 단선적이지 않다. 그것은 말하자면 **원을 그리면서** 존재 속으로 깊이 침잠해가는 의미다. 하이데거의 사상은 의미에서 존재로의 결연한 전환을 이룩한다. 오직 목표가 있을 때만 가속화도 의미를 지닐 수 있다. 반면에 방향이 없는 것, 자기 안에서 진동하거나 내적으로 충만한 것은, 그러니까 목적론적이지 않은 것, 과정이 아닌 것은 가속화의 압박을 만들어내지 않는다.

하이데거의 신은 "영원한 것" "사라지지 않는 것, 위대한 것의 수수께끼"를 지켜주고 있다. 피투성과 소여성은 인간과 신의 관

---

105 Martin Heidegger, *Beiträge zur Philosophie*, p. 395.
106 Martin Heidegger, *Hölderlins Hymne "Andenken,"* Gesamtausgabe Bd. 52, Frankfurt a. M. 1982, p. 171.
107 Martin Heidegger, *Wegmarken*, p. 106.

계를 규정한다. 모든 인간적 "간계"로 인해 인간은 신의 언어에 대해 "난청schwerhörig" 상태가 된다. 신의 언어는 "기기들의 소음 속"에 묻혀버리고, "오늘날 사람들은 거의 그 소음이 신의 목소리라고 생각할 지경이 되었다."[108] 신은 각종 기기들이 꺼질 때 생겨나는 "정적"을 찾아간다. 가속화되는 기기들의 시간은 세계와 사물들을 그들 고유의 시간에서 떼어낸다. 하이데거의 사상은 결국 반복과 재생산에서 제작과 생산으로의 역사적 전환, 피투성과 소여성에서 자유와 자기주장으로의 전환에 반대한다. 신은 어떤 의미와 질서의 얼개에 영원한 타당성의 봉인을 부여하는 권력이다. 신은 반복과 동일성을 상징한다. 변화와 차이의 신이란 존재하지 않는다. 신은 시간을 안정시킨다. 가속화의 원인은 결국 신의 죽음에 있음이 드러난다. 인간의 자력에 의한 세계의 탈소여화는 언제나 탈시간화라는 결과를 초래한다. 세계가 방해받지 않고 자기 고유의 시간 속에 그대로 있을 때, 세계가 가만히 서 있을 때 비로소, 하이데거에 따르면 "들길이 건네는 위로와 격려의 말"이 신의 언어로서 들리게 될 것이다. 사물들이 다시 "옛 기원"의 무게 속에 거할 수 있게 되는 때에야 비로소 신은 신이 된다. 세계와 사물의 고유한 시간을 통해 신은 느림의 신으로서, 고향의 신으로서 모습을 드러낸다.

---

[108] Martin Heidegger, *Aus der Erfahrung des Denkens*, p. 89.

후기의 하이데거가 인간 삶의 본질적 진보를 위해 극복되어야 했던 고대적이고 전근대적인 세계의 상태를 환기하면서 이를 낭만적으로 미화하고 있음은 의심의 여지가 없다. 하이데거가 말하는 "토착성"과 "고향"의 신학을 얼마든지 의심할 수 있겠지만, 그럼에도 불구하고 그가 긴 것, 느린 것을 향해 나아갈 때만큼은 그에게 귀를 기울여야 한다. 실제로 어떤 사건, 형식, 진동은 오직 긴 사색적 시선에만 모습을 드러낼 뿐, 일하는 시선에는 숨겨져 있다. 섬세한 것, 금세 사라져버리는 것, 보잘것없는 것, 사소한 것, 떠도는 것, 뒤로 물러서는 것 등등, 폭력적인 손길에서 빠져나가는 모든 것.

　하이데거는 다른 시간으로 가는 길 위에 있다. 노동[109]의 시간이 아니라 길고 느린 것의 시간, 머무름을 가능하게 만드는 시간으로 가고 있는 것이다. 노동은 결국 지배와 동화를 지향하게 된다. 노동은 사물과의 거리를 제거한다. 반면 사색적 시선은 사물을 **지켜준다.** 그러한 시선은 사물이 고유한 공간과 고유한 빛깔 속에 머물도록 놓아둔다. 그것은 친절의 실천이다. 하이데거의 다음과 같은 말은 일상적 진리 이상의 의미를 지닌다. "포기는

109　후기 하이데거에게 노동은 부정적인 함의를 지닌다. 그리하여 하이데거는 "오직 노동만 하는 어리석음, 뭘 하는지도 모르고 일 자체에만 빠져서 그저 하찮은 것만 만들어내는 어리석음"을 이야기한다(Martin Heidegger, *Aus der Erfahrung des Denkens*, pp. 89 이하).

취하는 것이 아니다. 포기는 주는 것이다. 포기는 무한정한 단순함의 힘을 준다."[110] 사색적 시선은 거리의 제거와 사물의 동화를 포기한다는 점에서 금욕적이다. 이런 의미에서 아도르노와 하이데거는 가깝다. "오랜 사색적 시선이란 [……] 속에서 언제나 대상에 대한 충동이 굴절되고 반사되는 그런 시선을 말한다. 비폭력적인 관찰은 모든 진리의 행복을 낳는 원천이며, 이는 관찰하는 자가 대상을 자기에게 동화시키지 않는다는 사실과 긴밀하게 관련된다."[111] 오랜, 사색적 시선은 사물을 바라볼 때 사물과의 거리를 지키면서도 그것에 대한 가까움 또한 잃지 않는다. 그러한 시선의 공간적인 정식은 "거리에의 가까움"[112]이다.

---

110 Martin Heidegger, *Aus der Erfahrung des Denkens*, p. 90.
111 Theodor W. Adorno, *Minima Moralia. Reflexionen aus dem beschädigten Leben*, Gesammelte Schriften, Bd. 4, p. 98.
112 같은 곳.

권태

우리가 흘러가는 날짜를 잊어버렸을 때:
그것은 아직 시간들이었다.
그것은 시간이었다.
꿈이 우리 손에 문 손잡이를 쥐여주었을 때,
어떤 것은 지옥으로 가는 문,
어떤 것은 천국으로 가는 문:
그것은 아직 시간들이었다.
그것은 시간이었다.
—페터 한트케

혁명의 와중에, 엎치락뒤치락하는 극적인 사건들의 와중에 뷔
히너의 당통은 깊은 권태에 빠진다. "카미유: 어서, 당통, 우리
는 잃어버릴 시간이 없다네! 당통: (옷을 입는다) 하지만 시간이
우리를 잃어버리지. 이건 아주 따분한 일이야. 항상 셔츠를 먼
저, 그다음으로 바지를 그 위로 당겨 입고 저녁에는 침대에 들어
갔다가 아침이면 거기서 다시 기어 나와서 한 발을 항상 그렇게
다른 발 앞에 놓는데, 이게 어떻게 달라질 수 있을 거라고는 상
상도 할 수 없다네." 결연하게 행동하는 인간들이 주역으로 등장
하는 혁명의 시대에 역설적으로 깊은 권태가 유령처럼 찾아든다.
적극적인 행위를 향한 자유로운 인간들의 결연한 의지도 충만한
시간의 경험을 가능하게 할 강렬한 결속의 에너지를 발산하지는

못하는 모양이다. 카미유는 오히려 과거의 시대를 돌아보며 그리워한다. "사람들이 건전한 이성이라고 이름 붙인 일반적인 통념은 참을 수 없이 따분해. 가장 행복한 인간은 자기가 신이고 아버지이고 아들이고 성령이라고 멋대로 상상할 수 있었던 사내였어."

사건이 없는 시대가 되어서야 비로소 깊은 권태가 찾아오는 것은 아니다. 다름 아닌 역사와 혁명의 시대, 많은 사건이 일어나고 지속성과 반복의 상태에서 이탈한 이 시대야말로 권태에 취약한 것이다. 아주 약간의 반복조차 이제는 단조로운 것으로 느껴진다. 권태는 결연한 행동의 대립자가 아니다. 오히려 양자는 서로에 대한 조건을 이룬다. 바로 적극적 행동에 나서겠다는 결연한 의지가 권태를 깊게 만든다. 그리하여 혁명가 당통은 격렬한 활동의 한가운데서 시간에게 버림받았다고 느끼는 것이다. 진짜 시간 부족은 우리가 시간을 잃어버리기 때문이 아니라 시간이 우리를 잃어버리기 때문에 발생한다. 시간 자체가 공허해진다. 혹은 시간은 더 이상 묶어두고 모아들이는 중력을 발산하지 않는다. 권태는 결국 시간의 공허에서 비롯된다고 할 수 있다. 시간은 더 이상 충만하지 못하다. 행위 주체의 자유만으로는 아무런 시간의 중력도 만들어지지 않는다. 그의 행위 충동이 새로운 대상을 점유하지 못할 때, 따분하게 느껴지는 공허한 간격이 생겨난다. 반드시 사건이 많이 일어나고 변화가 풍부해야 충만한 시간이 되는 것은 아니다. 충만한 시간이란 곧 지속의 시간이다. 이런 시간 속에서는 반복도 굳이 반복으로 느껴지지 않는다. 지속성이 붕괴된 후에야 반복은 반복으로서 의식되고 문젯거리로 떠오른다. 그리하여 모든 일상적 반복의 형식이 혁명가 당통에게는 견디기 어려운 고통이 되는 것이다. 하이데거는 1929/30년의 강의에서 오늘을 규정be-stimmen하는 근본정조Grundstimmung, 즉 "우리를 그 근본에서부터 철저히 규정하는durchstimmen"[113] 근본정조가 무엇인지 묻는다. 먼저 그는 새로운 자기규정을 위한 부지런한 노력이 행해지고 있음이 확인된다고 생각한다. "오늘날의 인간"은 자기 자신에게 어떤 역할, 의미, 가치를 부여하려고 노력한다. 하이데거는 바로 이처럼 자기 자신을 위한 의미를 고안해내기 위해 과도하게 애쓰는 태도에서 깊은 권태의 징후를 발견한다. "우리는 왜 우리 스스로에 대해 아무런 의미도 발견하지 못하는가? 즉 존재의 본질적 가능성을 찾을 수 없는가? [······] **그리하여 우리는 종국에 가서는 깊은 권태가 현존재의 심연 속에서 마치 침묵의 안개처럼 이리저리 몰려다니는 그런 상황에 처할 것인가?"**[114] 깊은 권태를 하이데거는 오늘날의 시대적 징표로 해석한다. 그리고 그 원인을 존재자das Seiende 전체가 이탈해버렸다는 데서 찾는

---

113 Martin Heidegger, *Die Grundbegriffe der Metaphysik*, p. 103.
114 같은 책, p. 115.

다. 존재자의 완전한 이탈은 "전반적 공허"[115]를 뒤에 남긴다. 현존재는 존재자와 어떤 의미 있는 관계도 맺지 못한다. 현존재는 총체적인 무관심 상태에 빠져든다. 아무것도 그의 주의를 묶어두지 못한다. "작위와 부작위의 가능성" 전체가 그의 손에서 빠져나간다. 여기에 "전반적 결핍"[116]의 원인이 있다. 존재자 전체가 이탈해버린다면, 시간 역시 텅 비게 된다. 권태는 시간의 감각을 극단적으로 변화시킨다. "우리에게서, 모든 존재자가 어떤 예외도 없이, 이탈한다. 모든 바라봄 속에서 우리가 바라보는 모든 것이 [……] 모든 돌아봄 속에서 우리가 돌이켜보는 모든 있었던 것, 이루어진 것, 지나간 것이, [……] 모든 내다봄 속에서 우리가 내다보는 모든 미래의 존재자가. [……]"[117] 존재자에 대한 세 개의 시각은 시간적으로 번역하면 각각 과거(돌아봄Rücksicht), 현재(바라봄Hinsicht), 미래(내다봄Absicht)가 된다. 깊은 권태 속에서 현존재는 존재자와 시간적 관계를 맺지 못한다. 그런데 의미란 곧 관계이다. 따라서 깊은 권태는 총체적인 의미의 공허로서 경험된다. 의미의 공허는 시간의 공허에서 비롯된다. 존재자에 대한 시간적 관찰이 불가능하다면, 결국 시간은 형체를 잃고 물질적 덩어리로 변하고 만다. 시간을 의미 있게 해줄 어떤 시간

---

115 같은 책, p. 243.
116 같은 책, p. 244.
117 같은 책, p. 218.

적 분절도 이루어지지 못한다.

하이데거에 따르면 존재자 전체의 거절Versagen은 동시에 "말하기Sagen"이기도 하다. 모든 "작위와 부작위의 가능성"이 깊은 권태 속에 가라앉아버리면, "현존재가 가질 수도 있는" 행동의 가능성, "하지만 바로 '아 따분해' 라는 표현 속에 잠들어 있던" 행동의 가능성이 "깨어난다."[118] 거절 속에 들어 있는 "통고Ansagen"는 현존재에게 **자기 자신**을 분명히 장악할 것을 촉구하는 "부름Anrufen"으로서 이루어진다. "하지만 현존재의 자기 해방은 오직 현존재가 **자기 자신을 향한 결단을 내릴 때만** 이루어질 수 있다. 〔……〕 그런데 현존재가 존재자의 한가운데 있는 한, 〔……〕 현존재의 결단은 〔……〕 오직 현존재가 〔……〕 선택한 자기 자신의 본질적인 가능성들 속에서, 지금 여기서 행동할 결심을 할 때만 가능한 것이다. 이러한 현존재의 자기 자신을 향한 **결단**이 〔……〕 바로 **순간**이다."[119] 구원의 순간Augenblick은 "결연한 시선Blick,"[120] 지금 여기에서 결단을 내린 현존재의 시선이다. 현존재가 독자적으로 자기 자신을 장악하는 것은 바로 이러한 행동을 향한 영웅적 결단을 통해서인바, 하이데거는 그 속에 깊은 권태의 저주를 깨뜨릴 수 있는 힘이 존재한다고 믿는다. 1929/30년의 강의에서

---

118 같은 책, p. 212.
119 같은 책, pp. 223 이하.
120 같은 책, p. 226.

하이데거는 행동을 향한 결단만이 존재의 공허, 시간의 공허를 극복할 수 있는 유일한 길이라고 주장한다. 그는 바로 강력한 행동의 요구, 적극적 행동을 향한 결단, 개시initium의 자유야말로 시간의 공허를 초래한 원인이라는 것, 즉 시간이 충만한 지속성을 더 이상 정립하지 못하게 된 원인이라는 것은 아직 인식하지 못하고 있다.

1929/30년의 강의에서 하이데거는 알레만어에 긴 시간이 있다는 말이 향수를 느낀다는 뜻임을 지적하고, 이에 따라 깊은 권태란 고향을 향한 끌림이라고 이야기하기는 한다.[121] 하지만 이렇게 추정된 권태와 향수 사이의 인접관계는 이 강의에서 더 자세히 탐구되지는 않는다. 또한 하이데거는 아직 행동을 결단한 현존재의 주체성이 고향을 정립할 수 없다는 것, 오히려 그러한 주체성이야말로 고향의 종말을 의미한다는 것을 아직 인식하지 못한다.

30년 뒤에 하이데거는 다시 깊은 권태와 향수 사이의 인접관계에 주목하게 된다. "고향은 여전히 있고 우리에게 다가온다. 그러나 오직 추구의 대상으로서만 그러하다. 왜냐하면 우리를 온갖 심심풀이들에 빠져들게 하는 것, 즉 고향이 아닌 속에서 낯선 것, 흥분시키는 것, 마력적인 것을 통해 날마다 우리에게 제공되는 그런 심심풀이에 빠져들게 하는 것이 바로——거의 주목받지

---

121 같은 책, p. 120.

는 못하고 있는——깊은 권태라는 근본정조인 것이다. 아마도 심심풀이 중독의 형태로 나타나는 이런 깊은 권태는 숨겨둔, 인정하지 못하고 치워버린, 하지만 피할 수 없는, 그런 고향으로의 끌림이다. 즉 숨겨진 향수이다."[122] 시간은 지속성을, 장구함을, 느림을 잃어버린다. 시간이 주의를 지속적으로 묶어두지 못하기 때문에 극단적인 것, 자극적인 것으로 채워지지 않으면 안 되는 텅 빈 간격이 발생한다. 그리하여 권태는 필연적으로 "놀라운 것, 거듭하여 갑자기 새롭게 휘몰아치는 것, '충격적인 것'을 향한 중독"을 수반한다. 충만한 지속성은 "한시도 쉴 줄 모르고 계속되는 기발한 활동"[123]에 밀려난다. 하이데거는 더 이상 행동을 향한 결단을 깊은 권태의 대척점에 두지 않는다. 그는 이제 "결연한 시선"이 긴 것, 느린 것을 보기에는 너무 근시여서 긴 시간의 향기를 느낄 줄 모른다는 것, 과도하게 고양된 주체성이야말로 깊은 권태가 생겨나게 한 주된 원인이라는 것, 더 많은 자기 생각보다는 더 많은 세상에 대한 생각이, 더 많은 행동보다는 더 많은 머무름이 권태의 저주를 깨뜨릴 수 있다는 것을 깨닫는다.

권태는 점점 더 크게 벌어져가는 주체와 세계, 자유와 소여성, 행동과 존재 사이의 간극을 지배한다. 행동의 결단을 내린 현존

122 Martin Heidegger, *Ansprache zum Heimatabend. 700 Jahre Stadt Meßkirch*, Meßkirch 1962, p. 13.
123 Martin Heidegger, *Beiträge zur Philosophie*, p. 121.

재는 더 이상 감싸이는 감정, 맞아들여질 때의 감정을 알지 못한다. 자기의 시간인 "순간"의 "첨단"에는 "고향"의 길이와 넓이가 없다. 거주하고 머물 수 있는 공간이 없다. 하이데거의 "고향"은 행위주체 이전에 존재하는 곳, 사람들이 몸을 의탁하는 곳, 적극적으로 행동하는 주체를 언제나 맞아들이는 곳을 가리킨다. 바로 행위를 향한 결단이 현존재로 하여금 주체성 이전에 펼쳐져 있는 장소에서 이탈하게 만드는 것이다. 깊은 권태는 이런 상실에서 비롯된다.

후기의 하이데거는 행위의 강조를 철회하고 이와는 전혀 다른 세계와의 관계를 옹호한다. 그것의 이름은 "느긋함Gelassenheit"이다. 느긋함은 결연한 행동에 맞서는 "맞쉼Gegenruhe"[124]으로서, "우리에게 완전히 다른 방식으로 세계 속에 머무를 수 있는 가능성"[125]을 마련해준다. "머뭇거림" "수줍음" "자제" 등도 행위의 강조와 맞서는 표현들이다. 깊은 권태의 원인은 행위의 결단에 완전히 장악당한 삶에 있다. 깊은 권태는 과도한 활동성, 어떤 형태의 사색도 알지 못하는 활동적 삶vita activa의 이면이다. 강박적인 활동주의는 권태를 지탱해준다. 깊은 권태의 저주는 활동적 삶이 그 위기의 끝자락에서 사색적 삶을 받아들이고, 다시 사

124 Martin Heidegger, *Feldweg–Gespräche*, p. 153.
125 Martin Heidegger, *Gelassenheit*, Pfullingen 1959, p. 26.

색적 삶을 위해 봉사하게 될 때 풀릴 것이다.

사색적 삶

1. 한가로움의 짧은 역사

우리는 잠잘 곳이 있네, 아이도 하나 있네,
내 아내!
우리는 일도 있네, 심지어 둘이서
또 햇빛도 비도 바람도 있네
다만 사소한 게 하나 없으니,
새들처럼 그렇게 자유로울 수 있는, 시간이 없네
— 리하르트 데멜, 「일하는 사내」

하이데거는 아리스토텔레스에 관한 강의를 시작하면서 이렇게
말했다고 한다. "아리스토텔레스는 태어났고 일했고 죽었다."[126]
놀랍게도 하이데거는 아리스토텔레스의 삶을 노동으로 규정한다.

사실 그는 철학자의 삶이란 비오스 테오레티코스(정관하는 삶, 그것은 결국 라틴어 vita contemplativa의 동의어이다. 여기서 사색적 삶으로 옮긴이 표현은 '정관적 삶' '관조적 삶'으로 번역할 수도 있다.—역자)으로서 노동과는 완전히 다르다는 것을 몰랐을 리가 없다. 철학하는 것은 곧 보는 것(테오레인)으로서, 아리스토텔레스에 따르면 한가로움(스콜레) 덕분에 가능해진다. 그리스어 스콜레는 현대적 의미의 한가로움이나 여가와는 거의 아무 관계도 없다. 그것은 강제나 필요, 수고나 근심이 없는 자유의 상태를 의미한다. 반면 노동은 삶의 필요에 의해 강요되는 것으로서 인간을 자유롭지 못하게 만든다. 한가로움과는 반대로 노동은 자기 안에 가만히 있지 못한다. 노동은 유용하고 필요한 것을 만들어내지 않으면 안 되기 때문이다.

아리스토텔레스는 삶을 두 영역으로 나눈다. 즉 한가로움이 아닌 영역(아스콜리아)과 한가로움(스콜레)의 영역, 쉼 없음과 쉼으로 삶을 구분한 것이다. 쉼 없음과 부자유로서의 노동은 한가로움에 종속되어야 한다. 또한 활동(프락타)의 관점에서도 아리스토텔레스는 아름답고 고귀한 것을 유용하고 필요한 것의 바깥에, 즉 일의 바깥에 속한 것으로 본다.[127] 오직 필요만이 노동을

---

126 Hannah Arendt & Martin Heidegger, *Briefe 1925~1975*, Frankfurt a. M. 2002, p. 184 참조.

127 Aristoteles, *Politik*, 1333a.

하도록 강요한다. 그래서 노동은 '궁지를 뒤집는' 것이다(not-wendig. '필요한, 필연적인'을 의미하는 독일어 notwendig를 not와 wendig로 나누면 이러한 뜻이 된다―역자). 반면 한가로움은 삶의 필요 너머에 놓인, 강요도 걱정도 없는 자유의 공간을 열어 준다. 아리스토텔레스의 말을 따른다면 인간 실존의 본질은 근심이 아니라 한가로움일 것이다. 사색적인 평온함은 절대적으로 우선시된다. 모든 활동은 이 평온함을 위해 이루어져야 하고, 결국 그것으로 귀착되어야 한다.

아리스토텔레스는 **자유로운** 인간이 따르는 삶의 양식(비오이)을 다음과 같이 세 가지로 구별한다. 쾌락(헤도네)을 추구하는 삶, 폴리스에서 아름답고 고귀한 업적을 이룩하는 삶(비오스 폴리티코스), 마지막으로 진리의 사색적 고찰에 헌신하는 삶(비오스 테오레티코스).[128] 이 세 가지 삶은 모두 삶의 불가피한 필요와 강제에서 자유롭다. 돈벌이를 좇는 삶은 강제된 삶이기에 거부된다. 비오스 폴리티코스 또한 필수적이고 유용한 영역에 속하는 사회적 삶의 조직에 관한 것이 아니다. 비오스 폴리티코스가 추구하는 것은 영예와 미덕이다. 그림 그리기 등을 배우는 것도 필요에서가 아니라, 다만 이를 통해 육체의 아름다움을 관찰하는 능력을 촉진시킬 수 있기 때문이다.[129] 최고의 행복은 아름다운

---

128 Aristoteles, *Nikomachische Ethik*, 1095b.

것 곁에 사색에 잠겨 머무르는 데서 생겨난다. 그것을 옛날에는 테오리아(사색)라고 했다. 테오리아의 시간 감각은 지속이다. 영속적이고 변함없는 사물, 완전히 자기 안에 고요히 있는 사물을 바라보는 것. 미덕도 지혜도 아니고, 오직 진리에 대한 사색적 헌신이야말로 인간을 신들의 곁으로 데려간다.

　노동은 꼭 해결되어야 할 삶의 욕구에 묶여 있다. 노동은 자기 목적이 아니라 수단이다. 필수적인, 궁지를 뒤집는not-wendend 생활수단Lebens-Mittel(Lebensmittel은 생필품을 뜻한다—역자)인 것이다. 따라서 노동은 자유인의 품위와는 어울리지 않는다. 고귀한 태생의 인간이 궁지에 몰려 일을 하지 않을 수 없는 상황에 처한다면, 그는 심지어 그 사실을 숨겨야만 할 것이다. 노동은 그에게서 자유를 박탈한다. 한가로움은 모든 근심, 모든 궁지, 모든 강제에서 해방된 상태이다. 그 속에서 인간은 비로소 인간이 된다. 한가로움에 대한 고대의 이해에는 일, 효율성, 생산성의 원리 속에 완전히 빠져버린 세계를 사는 오늘의 인간으로서는 전혀 접근할 수도, 이해할 수도 없는 생의 구상이 그 바탕에 깔려 있다. 한가로움을 중시하는 고대의 문화는 지금의 세계와는 전혀 다른 세계가 가능하다는 것, 하이데거가 말하는 염려와 같은 것을 삶의 기조로 하지는 않을 그런 세계가 가능하다는 것을

129　같은 책, 1338b.

암시해준다. 아리스토텔레스의 삶에 대한 하이데거의 진술이 전제하는 노동의 개념은 후대에 가서야 생겨난 것이다. 그것은 프로테스탄트적 인생관에 근거를 두고 있으며, 아리스토텔레스 자신에게는 완전히 생소한 관념이었다. 하이데거는 차라리 다음과 같이 말해야 옳았을 것이다. "아리스토텔레스는 태어났다. 일하지 **않았다.** 죽었다."

스콜라라는 고대적 의미의 한가로움은 노동과 비활동 모두를 넘어선 영역에 있다. 그것은 따로 교육을 통해 습득해야 하는 특별한 능력이다. 그것은 '긴장 이완Entspannung'이나 '마음 끄기 Abschaltung' 같은 연습이 아니다. 바로 테오레인, 진리에 대한 사색적 고찰로서의 사유가 한가로움의 바탕을 이룬다.[130] 그래서 아우구스티누스도 한가로움otium을 활동하지 않는 수동성과 구별한다. "한가로움 속에서 기쁨을 주는 것은 짐을 벗어버린 나태함이 아니다. 기쁨은 진리의 탐구나 발굴에서 온다." "진리의 인식을 향한 노력"은 "자랑스러운 한가로움"에 속한다.[131] 오히려 한

---

130 칸트 역시 "예리함acumen," 즉 정신의 특별한 예민함과 섬세함을 필요의 영역에 속하는 이성적 활동과 구별한다. 예리함은 욕구를 따르는 노동이 아니라 "일종의 두뇌의 사치"이다(Immanuel Kant, *Anthropologie in pragmatischer Hinsicht*, Akad.-Ausg. Bd. 7, p. 201). 정신은 노동과 업무에서 그 역할을 다하는 것이 아니다. 정신은 스스로 "피어나는 듯" 하다. 정신은 "꽃으로는 놀이에 더 비중을 두고, 열매로는 실무를 추진하는 듯이 보이는" 자연과 유사하다. 이에 따르면 인식이란 강제 없이 놀고 있는 사유가 빚어낸 유용한 열매일 것이다. 필요와 노동만으로는 그런 열매를 만들어낼 수 없으리라.

가로울 능력이 없다는 것이야말로 나태의 징표이다. 한가로움은 아무것도 하지 않는 게으름과 비슷하기는커녕 그것에 정반대되는 것이다. 한가로움은 기분 전환이 아니라 집중을 돕는다. 머무름은 감각의 집중을 전제한다.

중세까지도 사색적 삶vita contemplativa이 여전히 활동적 삶vita activa에 비해 우선권을 누리고 있었다. 토마스 아퀴나스는 다음과 같이 쓰고 있다. "사색적 삶이 활동적 삶보다 확실히 더 낫다."[132] '기도하고 노동하라ora et labora' 라는 유명한 금언도 사색보다 일을 더 높이 평가한 표현이라고 할 수는 없다. 중세에는 활동적 삶이 사색적 삶의 전적인 영향 속에 놓여 있었다. 일은 사색으로부터 그 의미를 획득한다. 하루는 기도로 시작되고, 기도로 마무리된다. 기도가 시간에 리듬을 준다. 축일이나 축제일들은 지금과는 전혀 다른 의미를 지니고 있었다. 그런 날들은 휴무일이 아니며 기도의 시간, 한가로움의 시간으로서 고유의 의미를 부여받는다. 중세의 달력은 단순히 날짜를 세기Zählung 위한 것이 아니었다. 중세의 달력은 하나의 이야기Erzählung가 그 바탕에 깔려 있고 그 속에서 축일과 축제일 들은 일정한 서사적 상황을 이룬다. 이들은 시간의 강 속에 있는 고정 지점으로서, 시간을 서사적으로 묶어서 마구 흘러가버리지 못하게 한다. 이런 날

---

131 Augustinus, *De civitate Dei*, 19, 19.

132 Thomas von Aquin, *Summa theologica II*, 2, 182.

들은 시간의 매듭을 짓고, 그렇게 하여 시간에 구조와 리듬을 부여한다. 그것은 마치 이야기의 절이나 소제목과 같은 기능을 한다. 시간과 시간의 흐름은 이를 통해 의미심장한 빛을 띠게 된다. 이야기에서 하나의 절은 하나의 서사 단계를 매듭짓는다. 잠정적인 매듭은 서사의 다음 단계를 준비한다. 시간적 마디는 서사 전체의 긴장된 진행 내부에서 의미 있는 이행의 다리가 된다. 그렇게 하여 희망의 시간, 기쁨의 시간, 이별의 시간이 서로를 넘나든다.

중세 후기에 이르러 일에 대한 태도에 변화가 일어나기 시작한다. 이를테면 『유토피아』에서 토마스 모어는 모두가 일하는 세계에 대한 상상을 펼친다. 신분의 차별을 거부하는 토마스 모어의 혁명적 사회 구상은 일의 공정한 배분을 요구한다. 누구나 하루에 6시간씩만 일하면 된다. 일이 없는 시간에 "유토피아인들"은 한가로움과 사색에 몰두한다. 여기서는 아직 노동 자체의 가치가 격상된 것은 아니다. 종교개혁의 과정에서 비로소 노동에 삶의 필요성을 훨씬 넘어서는 의미가 부여되기 시작한다. 노동은 이제 신학적 의미 맥락 속에 편입되어 정당화되고 그 가치가 격상되기에 이른다. 루터는 직업Beruf으로서의 일을 인간을 향한 신의 부름과 연결시킨다. 캘빈주의에 의해 노동은 구원경제학적 의미를 부여받는다. 캘빈주의자는 자신이 구원받을지 또는 버려질지 확실히 알지 못한다. 그리하여 오직 자기밖에 의지할 데 없는 개인으로서, 행동에 있어 끊임없는 근심과 두려움에 사로잡히게 되는 것이다. 오직 일에서의 성공만이 신에게 선택받은 징표로 해석된다. 구원에 대한 근심 때문에 캘빈주의자는 노동자가 된다. 물론 쉼 없이 일한다고 해서 구원이 얻어지는 것은 아니다. 하지만 일은 선택받았다는 확신을 가지고 두려움을 떨쳐낼 수 있게 해주는 유일한 수단이다.

캘빈주의에서는 행위가 강조되고, 행동을 향한 결연한 의지가 발전한다. "종교 엘리트는 스스로 신의 권능을 담은 그릇이라고 느끼거나, 아니면 신의 권능을 실행하는 도구라고 느낌으로써 자신이 누리게 될 은총의 지위에 대한 확신을 얻을 수 있다. 그의 종교 생활은 전자의 경우 신비주의적 감정의 고양으로, 후자의 경우 금욕주의적 행동으로 기울어진다."[133] 캘빈주의자는 결연히 행동함으로써 구원의 확신을 얻는다. 구원을 찾는 자가 목표에 가까이 다가가도록 해주는 것은 사색적 삶이 아니라 활동적 삶이다. 행동을 향한 결연한 의지, 행동의 절대화가 일어나자, 사색적 삶은 행동하지 않는 사색으로서 비난받아 마땅한 것처럼 보이게 된다.

프로테스탄티즘의 현세적 금욕주의는 일과 구원을 결합한다. 일은 신의 영광을 증대시킨다. 일은 삶의 목표가 된다. 막스 베

---

[133] Max Weber, *Gesammelte Aufsatze zur Religionssoziologie*, Bd. 1, Tubingen 1920, p. 108.

버는 경건주의자 친첸도르프Zinzendorf(1700~1760)를 인용한
다. "그저 살기 위해서 일하는 것이 아니라 일하기 위해 사는 것
이다. 더 이상 할 일이 없어진다면 인간은 괴로움에 빠지거나 죽
고 말 것이다."[134] 시간 낭비는 모든 죄악 가운데 가장 무거운 죄
악이다. 불필요하게 오래 자는 것도 단죄의 대상이다. 시간의 경
제학과 구원의 경제학이 서로 뒤얽힌다. 캘빈주의자인 백스터
Richard Baxter는 다음과 같이 말한다. "시간을 매우 소중히 여겨
야 한다. 시간을 잃어버리지 않도록 날마다 더욱 조심하라. 그러
면 가지고 있는 금과 은도 전혀 잃어버리지 않을 것이다. 그리고
헛된 오락, 옷치장, 잡담, 쓸데없는 모임, 잠, 이런 것들 가운데
어느 한 가지라도 시간을 빼앗아가는 유혹으로 작용할 기미가 보
이면, 이에 맞추어 경계심을 강화시켜라."[135] 막스 베버는 프로테
스탄티즘의 금욕주의 속에 자본주의 정신이 예표되어 있다고 본
다. 금욕주의는 축적의 강박으로도 나타나며, 이는 자본의 형성
으로 귀결된다. 재산을 가지고 앉아 편안히 쉬는 것, 부를 향유
하는 것은 비난받아 마땅하다. 오직 더 벌기 위해 부단히 노력할
때만 우리는 신의 마음에 들 수 있다. "프로테스탄티즘의 세속적
금욕주의는 〔……〕 따라서 엄청난 힘으로 분방한 부의 향유를 억

---

134 같은 책, p. 171.
135 같은 책, p. 168에서 재인용.

압한다. **소비**, 특히 사치품의 소비가 옥죄어진다. 반면 이러한 금욕주의는 심리적 효과 면에서 **재화 획득**을 전통 윤리의 부정적 시선에서 **해방시켰다.** 그것은 이윤 추구의 욕망을 합법화했을 뿐만 아니라 〔……〕 그것을 신이 원하는 것으로까지 간주함으로써 거기에 채워져 있던 족쇄를 파괴해버린 것이다."[136]

세속화는 구원의 경제학을 소멸시키지 않는다. 구원의 경제학은 근대 자본주의 속에 계속 살아 있다. 거의 비합리적으로 보이는 돈 모으기는 단순히 물질적 탐욕만으로 설명되지 않는다. 축적 강박의 바탕에는 구원의 추구가 깔려 있다. 인간은 구원받기 위해 투자하고 투기하는 것이다. 이때 구원의 내용은 다양하다. 응고된 시간이라고 할 수 있는 돈을 끝없이 쌓아올림으로써 제한된 삶의 시간보다 훨씬 더 많은 시간을 부리고 싶은 소망도 있지만, 또한 권력욕도 확대와 축적의 충동을 불러일으킨다. 재산이라는 단어 자체가 이미 많은 것을 말해준다(재산을 뜻하는 독일어 Vermögen은 능력을 의미하기도 한다—역자). 자본으로서의 재산이 증가함에 따라 능력도 증대된다. 마르크스에게도 화폐는 탈소여화 작용을 한다는 점에서, 즉 피투성을 폐지하고 이를 기투성으로 대체한다는 점에서 전능하다. 화폐는 사실로서 주어진 것의 전반적 해체를 초래한다. 추醜조차 화폐를 통해 폐기된다. "화폐

---

136 같은 책, p. 190.

를 통해서 내게 있는 것, 내가 지불할 수 있는 것, 즉 화폐가 살 수 있는 것, 그것이 바로 나, 화폐의 소유자 자신이다. 화폐의 힘이 큰 만큼, 내 힘도 크다. 화폐의 속성은 나의——화폐 소유자의——속성이며 본질적 힘이다. 나인 것, 내가 할 수 있는 것은 따라서 결코 나의 개성을 통해 정해지는 것이 아니다. 나는 추하다. 하지만 나는 최고의 미녀를 살 수 있다. 그러니 나는 추하지 않다. 왜냐하면 추의 작용, 사람을 기겁하게 만드는 추의 힘이 화폐를 통해서 제거되기 때문이다."[137]

"산업Industrie"이라는 단어는 근면을 의미하는 'industria' 라는 라틴어에서 왔다. 영어에서 'industry'는 여전히 근면, 부지런함의 의미를 간직하고 있다. 그래서 예컨대 "Industrial School"은 청소년 교화 기관을 의미한다. 따라서 산업화Industrialisierung는 세계의 기계화만을 의미하는 것이 아니다. 그 속에는 근면한 인간으로의 훈육이라는 의미도 담겨 있다. 산업화는 기계만 설치하는 것이 아니다. 산업화를 통해서 시간과 노동의 경제학적 원리에 따라 인간의 행태를 육체적인 면에 이르기까지 최적화하라는 명령Dispositiv도 도입되는 것이다. 이런 의미에서 1768년에 필립 페터 구덴Philipp Peter Guden이 발표한 한 논문의 제목은 주목할 만하다. "산업 정책, 또는 주민의 근면성을 장려하기 위한 수단에

---

137 Karl Marx, MEW, Bd. 40, p. 564.

관한 고찰."

기계화로서의 산업화는 인간의 시간을 기계의 시간에 동화시키려 한다. 산업화의 명령은 기계의 박자에 맞게 인간을 개조하라는 시간경제학적 명령이다. 산업화의 명령에 따라 인간의 삶은 기계의 작업과정에, 기계의 기능 방식에 근접해간다. 노동에 의해 지배당하는 삶은 활동적 삶, 그것도 사색적 삶에서 완전히 차단된 삶이다. 그런데 사색의 능력을 완전히 상실한 인간은 일하는 동물animal laborans로 전락하고 만다. 기계의 작업과정과 유사해진 인간의 삶은 오직 쉬는 시간, 일이 없는 막간, 일의 피로에서 회복하여 다시 최상의 컨디션으로 일에 몸 바치기 위해 필요한 시간밖에 알지 못한다. 그 때문에 '긴장 이완'이나 '마음 끄기'는 일에 치우친 삶을 바로잡아주는 균형추 역할을 하지 못한다. 그런 연습은 무엇보다 일할 수 있는 능력을 다시 회복하는데 기여한다는 점에서 노동과정에 종속되어 있다.

이른바 여가사회, 소비사회라는 것도 일이라는 측면에서 볼 때 본질적 변화를 가져온다고 할 수 없을 것이다. 그러한 사회도 일이라는 지상명령에서 자유로운 것은 아니기 때문이다. 여기서 강제는 더 이상 삶의 필요에서 오는 것이 아니라, 일 자체에서 발원한다. 한나 아렌트는 노동사회의 궁극적 목적이 삶의 필수적 요구라는 "족쇄"로부터 인간을 해방하는 것이라고 주장하지만, 이는 잘못된 생각이다.[138] 실제로 노동사회는 일이 삶의 필수적 요구에서 떨어져나와 자기 목적으로 독립한 사회, 그리하여 일이 절대적인 지위에 이른 사회이다. 일의 지배는 너무나 완벽해져서 노동 시간 바깥에는 오직 때우고 죽여야 할 시간밖에는 남아 있지 않게 되었다. 일의 전면적 지배는 다른 삶의 형식, 다른 삶의 기획을 몰아낸다. 이제는 정신조차 일을 하도록 강요당한다. '정신노동'은 강제의 공식이다. 사실 노동하는 **정신**이란 모순에 지나지 않는다.

소비사회, 여가사회는 특수한 시간적 양상을 나타낸다. 대대적인 생산성의 증가 덕택에 남아돌아가게 된 시간은 즉흥적이고 남는 것 없는 휘발성 사건과 체험으로 채워지고 있다. 시간을 지속적으로 묶어주는 것이 없는 까닭에 시간이 매우 빠르게 지나가는 것 같은 인상, 모든 것이 가속화되는 듯한 인상이 생겨난다. 소비와 지속성은 상반적이다. 소비재는 지속을 알지 못한다. 소비재는 파괴를 구성적 요소로서 자기 안에 품고 있다. 사물의 등장과 파괴의 주기는 점점 짧아진다. 성장을 해야 한다는 자본주의의 지상명령에 따라 사물은 점점 더 빠른 속도로 생산되고 소비되기에 이른다. 소비의 강제는 생산 시스템에 내재되어 있다. 경제 성장은 사물의 빠른 소모와 소비에 의존하고 있다. 사람들이 갑자기 사물들을 잘 보존하고 파괴되지 않도록 지키기 시작한다

---

138 Hannah Arendt, *Vita activa oder Vom tätigen Leben*, München 1981, p. 14.

면, 그리고 사물들을 지속적인 것으로 만들기 위해 노력한다면, 성장을 추구하는 경제는 당장 쓰러져버릴 것이다.

소비사회에서 사람들은 머물러 있는 법을 잊어버린다. 소비의 대상은 사색적 머무름을 허락하지 않는다. 그런 물건들은 최대한 빨리 소비되고 소모되어야 한다. 그래야만 새로운 제품, 새로운 수요를 위한 자리가 생겨나기 때문이다. 사색적 머무름은 지속되는 사물을 전제한다. 그러나 소비의 강요는 지속성을 철폐한다. 이른바 느리게 살기도 지속성을 정립하지는 못한다. 소비 태도로 본다면 '슬로푸드'도 '패스트푸드'와 본질적으로 다르지 않다. 사물이 소모되기는 어느 쪽이나 마찬가지다. 속도를 줄이는 것만으로 사물의 **존재**를 탈바꿈시키지는 못한다. 진짜 문제는 지속되는 것, 긴 것, 느린 것이 멸종의 위기에 처해 있다는 것, 즉 삶에서 완전히 제거되어간다는 데 있다. 사색적 삶의 형식은 "머뭇거림" "느긋함" "수줍음" "기다림" "자제"처럼 **후기** 하이데거가 "오직 일만 하는 어리석음"[139]에 맞세운 존재 양식과도 동일한 것이다. 이들은 모두 지속성의 경험에 바탕을 두고 있다. 그러나 노동의 시간, 더 정확히 말해 노동으로서의 시간은 지속성이 없다. 그것은 생산하면서 시간을 소모한다. 반면 긴 것, 느린 것은 소모와 소비의 손아귀에서 벗어나며, 지속성을 확립한다. 사색적 삶은

139 Martin Heidegger, *Aus der Erfahrung des Denkens*, p. 89.

지속성의 실천이다. 그것은 **노동의 시간**을 중단시킴으로써 **다른** 시간을 정립한다.

2. 주인과 노예의 변증법

마음 놓고 써라: 태초에 행위가 있었다! 그러나 진짜 강세가 어디에 있는지 잊지 말라: 행위가 있었던 것은 태초다: 왜냐하면 모든 고차적 발전은 게으르고자 하는 의지에 의해 인도되었기 때문이다.
— 게오르크 짐멜

근대에 이루어진 노동의 가치 전도, 즉 노동을 절대화하고 노동을 찬미하는 데까지 치달은 가치 전도는 매우 복합적이고 다층적인 현상이다. 그것은 비단 종교적 요인뿐만 아니라 권력경제학적 요인과도 연관되어 있다. 막스 베버의 종교사회학은 일의 가치 전도가 지니고 있는 권력논리적 차원을 도외시한다. 노동, 자본, 권력, 지배, 구원 사이의 인과관계와 상호 연관성은 매우 복잡하게 얽혀 있다. 구원의 경제학과 권력의 경제학은 서로를 넘나든다.

권력경제학의 관점에서 노동의 전면적 지배는 주인과 노예의 변증법이 초래한 결과로 설명할 수 있다. 다만 이것은 헤겔이 서술한 주인과 노예의 변증법과는 아주 다른 것이다. 잘 알려진 대로 헤겔은 주인과 노예의 변증법으로 삶과 죽음을 둘러싼 싸움을 묘사한다. 이 싸움의 끝에서 한편은 노예가 되고 다른 편은 주인이 되어 전자가 후자를 위해 **일**하게 된다. 헤겔의 테제에 따르면 장래의 노예로 하여금 타인에게 복종하도록 만드는 것은 죽음에 대한 공포다. 그는 죽음보다는 복종을 택하는 것이다. 그가 생존하려고 아등바등 매달려 있다면, 주인은 단순한 생존보다는 더 많은 것을 가지고 싶어 한다. 주인은 권력과 자유를 추구한다. 노예와는 반대로, 주인은 생존이 아니라 자기 자신을 절대적인 것으로 정립한다. 그는 상대방을 완전히 부정함으로써 자기 자신을 전체로 만든다. 이제 노예가 된 자는 주인에게 예속되어 있기에, 주인의 자아도, 그의 권력도 제한하지 못한다. 주인은 노예를 통해 자신을 연장한다. 노예는 주인의 자아를 위해 자신의 자아를 포기한다. 그리하여 주인은 노예 안에서 아무런 낯선 것도 느끼지 않게 된다. 이러한 자아의 연속성이 주인의 권력과 자유를 만들어낸다.

권력의 변증법이기도 한 노동의 변증법의 요체는 단순히 생존하기 위해 억지로 일을 하던 노예가 바로 이 일을 통해 자기 자신에게 돌아와 자유의 이념에 도달한다는 데 있다. 노예는 사물을 제작하는 노동의 과정에서 사물에 형태를 부여하고, 이로써 자연에 자기 자신을 각인한다. 제작된 물건은 노예 자신의 형상이다. 그렇게 해서 노예는 사물 속에 자신을 연장시킨다. 그는 자신에게 자연을 예속시킨다. 처음에 자연은 저항하지만, 노예는 결국 저항을 깨뜨리고 자연을 장악하기에 이른다. 노예는 한때 단순한 생존을 위해 주인에게 굴종하며 일하게 되었지만, 이제 노동은 그런 단순한 생존과 구별되는 권력과 자유의 관념을 전해준다. 노동은 그를 "형성"한다. 노동은 의식 형성의 매체이다. 노동은 그에게 자유의 **이념**을 전달하며, 그는 역사의 과정에서 계급투쟁도 더 이상 두려워하지 않고 이러한 자유의 이념을 **실현할** 것이다.

주인과 노예의 변증법에 관한 헤겔의 이론은 모든 것을 권력과 주체성의 시각에서 바라본다. 여기에 이 이론의 결정적인 약점이 있다. 사물에 대한 관계를 규정하는 것은 오직 권력뿐이다. 노예는 노동을 통해서 사물의 독자적 존재를 자기에게 예속시킨다. 그는 **일함으로써** 사물의 저항을 파괴한다. 그가 향유의 대상으로 가공한be-arbeitet 사물은 주인에 의해 소비된다. 주인의 경우든, 노예의 경우든 사물에 대한 관계는 **부정**을 본질로 한다. 노동뿐만 아니라 소비도 독자적 존재를 **부정하는** 행위인 것이다. 헤겔의 주인과 노예의 변증법은 권력의 변증법으로서, 노동의 매우 중요한 측면 한 가지를 완전히 도외시한다. 노예가 사물의 저항에 맞서 싸워야 하는 수고로운 노동을 혼자 떠맡음으로써, 주인에게는 사물과 지배도 가공도 아닌, 다른 종류의 관계를 맺을 수 있는

가능성이 열린다. 그는 권력이나 부정만이 사물과의 관계를 가능
하게 해주는 유일한 방법은 아니라는 인식에 도달한다.

　헤겔의 철학에서 노동은 중심적 위치를 점하고 있다. 정신의
걸음걸이는 "신적인 인식"이나 "놀이"가 아니라 "부정의 노동"[140]
으로 규정된다. 코제브는 주인과 노예의 변증법을 마르크스주의
적으로 해석하면서 노동을 교육과 역사의 주요 매체로 만든다.
"노동(형성)을 통한 인간의 창조적 교육은 역사를, 즉 인간의 시
간을 만들어낸다. 노동이 아닌 시간은 존재하지 않는다. 노동은
곧 시간이다."[141] 노동은 의식을 형성하고 역사를 밀고 나아간다.
이때 역사는 주인과 노예의 대립이 사라지는 순간에 완결된다.[142]
노동은 역사의 원동력이다. 그리하여 일만 하는 노예는 역사적
진보의 유일한 주체로서 전면에 등장한다. 반면 주인은 하는 일
없이 비생산적으로 자기 자신과의 동일성 속에 남아 그대로 굳어
져버린다. 이것이 코제브의 결론이다. 노예가 역사를 움직이는
유일한 주체이기 때문에, 역사의 진행 방향도 오직 노예에 의해
결정된다. 노예는 그의 모든 발전 단계 내내 **노동자** 이상이 되지

140　Georg Wilhelm Friedrich Hegel, *Phänomenologie des Geistes*, Werke in zwanzig
　　　Bänden(E. Moldenhauer&K. M. Michel 편), Frankfurt a. M. 1970, Bd. 3,
　　　p. 23.

141　Alexandre Kojève, *Hegel. Eine Vergegenwärtigung seines Denkens*, Frankfurt
　　　a. M. 1975, p. 71.

142　같은 책, p. 61.

못한다. 역사의 어떤 순간에도 노동은 자기 자신을 넘어서는 차원으로 인도되지 못한다. 노동은 절대적으로 늘 똑같은 상태로 남아 있다. 노동은 도덕적, 경제적, 종교적 성격의 명령으로 전면에 등장한다. 일하는 노예는 권력관계를 자기 쪽에 유리하게 역전시키기 위해 목적의식적으로 노동의 명령을 동원한다. 노예의 부상은 노동의 명령을 사회 전체를 지배하는 명령으로 격상시킨다. 따라서 역사가 완결되는 사회는 누구나 일하는 사회, 누구나 오직 일만 하는 사회이다. 노동의 전면적 지배는 역사의 완결과 함께 **모든 사람을** 노동자로 만든다.

아리스토텔레스는 **자유로운** 인간이 선택할 수 있는 세 가지 삶의 방식을 구분한다. 최고의 삶의 형식은 비오스 테오레티코스, 즉 사색에 몰두하는 삶이다. 주인은 자유로운 인간으로서 일을 노예에게 완전히 맡기는 까닭에 사물의 저항에 직접 부딪히지 않는다. 이러한 자유는 노동에 의해, 즉 가공과 지배에 의해 규정되는 것과는 전혀 다른 종류의 관계를 세계와 맺을 수 있게 해준다. 사물에 대한 사색적 관계는 일에서의 해방을 전제한다. 그것은 시간을, **노동으로서의** 시간을 중단시킨다. 아리스토텔레스에 따르면 사색적 삶은 모든 강제와 이해관계에서 자유롭기에 신성하다.

노동의 전면적 지배라는 면에서 마르크스는 헤겔을 완성한다. 마르크스에 따르면 사고가 아니라 노동이 인간을 동물과 다른 존재로 만들어준다. 인간은 이성적 동물이 아니라 일하는 동물이다. 인간은 곧 노동이다. 마르크스는 헤겔의 『정신현상학』도 노동의 관점에서 해석한다. "헤겔의 정신현상학과 그 최종 결론——운동하고 산출하는 원리로서의 부정 변증법——에서 위대한 점은 헤겔이 〔……〕 노동의 본질을 포착하고 대상적 인간, 진정한 현실적 인간을 인간 **자신의 노동**의 결과로서 이해하였다는 데 있다. 〔……〕 헤겔은 근대적 국민경제학의 입장에 서 있다. 그는 노동을 인간의 본질, 자기 확증하는 인간의 본질로 파악한다. 〔……〕"[143] 마르크스는 이렇게 말할 수도 있었을 것이다. **정신은 노동이다.** 헤겔의 정신은 **그의 노예와 마찬가지로** 노동의 강요 속에 묶여 있다. 헤겔의 정신은 어떤 한가로움도, 어떤 사색도 알지 못한다. 일하라는 명령은 사유마저 장악하며 사유의 명령이라는 모습으로 등장한다. 일의 명령은 본래 사물의 지배를 요구하는 것이므로 **일하는** 사유 역시 지배의 사유가 된다.

노예는 주인의 지배에서 해방되기는 하지만, 그 대가로 일의 노예가 되어야 한다. 일의 명령은 이제 주인과 노예를 가리지 않고 모든 사람을 장악한다. 그리하여 모든 사람이 일의 노예인 노동사회, 노동하는 자들의 사회가 탄생한다. 모든 것이 노동이어야 한다. 노동이 아닌 시간은 존재하지 않는다. **일의 명령은 시간**

---

143 Karl Marx, MEW, Bd. 40, p. 574.

마저 일하도록 만든다. 노동은 모든 활동과 힘을 독차지하려고 한다. 노동은 행위의 **유일한** 가능성이 된다. 모든 행위의 에너지가 노동에 완전히 흡수되기 때문에, 일이 없는 시간에 가능한 것은 그저 수동적인 오락뿐이다. 그런 오락을 통해서 사람들은 노동의 피로에서 회복되고 다시 힘차게 일할 수 있는 상태가 된다.

노동사회는 궁극적으로 강제의 사회이다. 노동은 자유롭게 만들지 **않는다.** 일의 명령은 새로운 노예사회를 낳는다. 자유의 변증법이라고 하는 헤겔의 주인과 노예의 변증법도, 의식이 일의 명령에 지배당하고 있는 한, 어떤 자유로운 사회도 만들어내지 못한다. 그러니까 헤겔은 의식의 변증법적 형성사에 대한 사유를 끝까지 밀고 나가지 못한 것이다. 의식의 완전한 자유는 의식이 일하라는 명령에서도 해방될 때만 가능하다. 일하라는 명령은 자유로운 인간이 누리던 삶의 형식들, 한가로움(스콜레)의 형식들을 완전히 소멸시킨다. 쉬지 않음으로서의 활동, 즉 아리스토텔레스에 의하면 안식(스콜레)에 완전히 종속되어 있어야 할 비안식(아스콜리아)이 이제는 절대적 요구가 된다. 오늘날 안식(스콜레)과 비안식(아스콜리아)의 관계는 완전히 전도되었다. 안식은 활동, 즉 노동을 위한 필수적인 회복과 이완의 시간이 된 것이다.

헤겔에 따르면 역사는 곧 자유의 역사다. 하지만 그러한 역사는 인간이 일의 노예로 남아 있는 한 완성되지 못할 것이다. 일의 지배는 자유를 불가능하게 한다. 주인과 노예의 대립은 **모두**

가 일의 노예가 되는 것으로는 해소될 수 없다. 노예가 정말 자유로운 인간으로 변신할 때만 주인과 노예의 대립은 사라질 것이다. 활동적 삶은 사색적 삶을 그 안에 받아들이지 못하는 한, 강제의 공식으로 남을 수밖에 없다. 어떤 사색적 계기도 들어 있지 않은 활동적 삶은 아무 내용 없는 공허한 순수 활동으로, 그리하여 안절부절못하는 부산함으로 귀결되고 말 것이다. 짐멜에 따르면 역사가 도달하는 종착지는 완전고용의 사회가 아니라 **한가로움**의 사회다. "에너지 보존 법칙에 따라 움직이는 우주적 힘의 유희는 종점을 향해 달려가고 있다. 우리 연구자들은 말하기를, 언젠가 우주의 모든 온도 차이는 사라지고, 모든 원자는 균형 상태에 도달하며, 에너지는 전 존재에 고르게 분산될 것이라고 한다. 그러면 운동의 시대는 끝나고, 우주적 게으름의 영원한 제국이 시작된다. 우주적 게으름은 현세적 사물들의 질서 자체에 의해 정립된 궁극의 목적인 것이다. 이러한 목적을 앞서서 실현할 수 있다는 데 인간의 고귀함과 위엄이 있다. 인간은 가장 게으른 시간에 최상의 의미에서 소우주가 된다. 그런 순간이면 우주의 최종적 발전 단계가 곧 그 자신의 정신, 감정, 향유가 되기 때문이다. 철학은 이러한 점을 자신의 의식 속에 끌어올림으로써, **철학사의 극점**에 도달하였다. 이 지점 이후로 철학은 그저 침묵만 할 수 있을 뿐이다. 침묵을 통해 철학은 마침내 자신의 과업에 충실하게 되어, 자신이 세계의 절대적 원리로 인식한 바를 처음으로 자기 자신 속에서 구현하게 될 것이다."[144]

마르크스 사상에서 노동이 중심적 의미를 지니고 있기는 하지만, 노동의 찬양이 그가 생각하는 유토피아의 핵심은 아니다. 때때로 그는 심지어 노동에서의 해방을 머릿속에 그려보기도 한다. "자유 시간—한가로운 시간뿐 아니라 고차적 활동을 위한 시간도—은 그런 시간을 가진 사람을 당연히 다른 주체로 변모시키며 그는 직접적인 생산과정에도 이렇게 달라진 주체로서 참여하게 된다."[145] 노동이 세계뿐만 아니라 일하는 주체 자신도 변모시킨다는 것은 헤겔의 핵심적인 인식이다. 일은 노예를 더 고차적 의식으로 인도하여 동물적 삶의 차원을 넘어서게 만든다. 하지만 마르크스가 노동을 인간의 본질적 특성으로 끌어올리며 그것에 압도적 비중을 부여한 점을 생각해볼 때,[146] 인간이 정말로 **노동의 시간**이 아닌 저 **자유로운** 시간을 살아낼 수 있는 다른 주체로 변모할 수 있을지는 매우 의심스러워 보인다.

마르크스의 주체는 그 출신 성분상 언제나 노동의 주체로 남아

---

144 Georg Simmel, "Metaphysik der Faulheit," *Jugend. Münchener illustrierte Wochenschrift für Kunst und Leben*, 5. Jahrgang, Nr. 20. 강조 표시는 인용자.

145 Karl Marx, *Grundrisse der Kritik der politischen Ökonomie*, MEW, Bd. 42, p. 599.

146 마르크스는 『독일 이데올로기』에서 다음과 같이 말한다. "이들 개인을 동물과 구별되는 존재로 만든 최초의 역사적 사건은 그들이 생각했다는 것이 아니라 그들이 자신의 생활 수단을 생산하기 시작했다는 것이다"(Karl Marx, MEW, Bd. 5, p. 568).

있다. 그는 설사 일하지 않는다 하더라도 완전히 다른 활동을 할 능력은 없다. 이 주체는 일 바깥에서는 기껏해야 소비의 주체일 뿐이다. 노동자와 소비자는 서로 근친관계에 있다. 그들은 공히 시간을 **소모하는** 존재이다. 그들은 사색적 삶에 접근하지 못한다. 아렌트 역시 이 부분에서 현저한 모순점을 발견한다. "마르크스는 사상의 모든 발전 단계에서 인간을 일하는 동물로 정의하는 데서 출발하면서도, 결국 이 일하는 생명체를 하필이면 그가 지닌 것 가운데 가장 위대하고 가장 인간적인 능력이 쓸모없게 될 어떤 이상적 사회질서로 이끌어가려 했다."[147] 사람들은 이 대목에서 아렌트에게 반박하려 할지도 모른다. 마르크스는 소외된 강제 노동과 자유로운 노동을 구별하고 있으며, 노동에서의 해방이란 소외된 노동에만 해당되는 이야기라고. 그러나 소외된 노동만이 아니라 이미 노동 자체도 인간에게 자기 자신과의 관계에서나 세계와의 관계에서나 아주 제한적인 가능성만을 허락할 뿐이다. 일하면서, 노동 속에서 형성된 주체는 일이 없는 시간에조차 세계에 대한 다른 지각의 가능성을 발견하지 못한다.

사물의 생산과 소비는 노동의 주체가 할 수 있는 유일한 활동으로서, 사물 곁에 사색적으로 머무르는 태도와는 완전히 반대되는 것이다. 바로 오늘의 사회야말로 완전히 노동의 주체가 되어

---

147 Hannah Arendt, *Vita activa*, p. 123.

버린 인간이 저 **자유로운** 시간, 노동의 시간이 아닌 시간을 감당할 능력이 없다는 것을 보여주는 좋은 증거가 된다. 점점 증가하는 생산성은 점점 더 많은 여가 시간을 만들어낸다. 그러나 그렇게 만들어진 여가 시간은 더 고차적 활동을 위해서도 쓰이지 않고, 한가로움을 위해서도 쓰이지 않는다. 그 시간은 일에서의 회복이나 소비에 사용될 뿐이다. 일하는 동물은 쉬는 시간만 알 뿐, **사색적 안식**에 대해서는 무지하다. 주인과 노예의 변증법이 완전한 자유의 변증법이 되기 위해서는 노동 너머의 차원으로 나아가지 않으면 안 된다. 그리하여 **노동의 타자**에 대하여 생각하지 않으면 안 된다.

3. 비타 악티바 또는 활동적 삶에 관하여

안단테 [⋯⋯] 열정적이고 느린 정신의 템포
—프리드리히 니체

한나 아렌트의 『활동적 삶*vita activa*』은 "활동적 삶"이 점점 더 불구화되어간다는 인식하에 그러한 삶을 복권시키고, 더 나아가 다시 활성화하는 데 바쳐진다. 그런데 그녀는 이러한 "활동적 삶의 퇴락"이 사색을 우선시하는 고대 그리스와 기독교 전통 탓이라는 의심스러운 주장을 펼친다. 사색적 삶의 우위는 모든 형식의 활동적 삶을 유용하고 필요한 노동의 수준으로 격하시킨다는 것이다. "전통에 대한 나의 반론의 요지는, 전승된 위계질서 안에서 사색에 주어진 우위가 활동적 삶 내부의 구별과 차이를 지워버리거나 무시해왔고, 이와 같은 상황이—겉보기와는 전혀 다르게도—근대에 들어와 일어난 전통의 단절과 마르크스와 니체에 의한 전통적 질서의 전복을 통해서도 바뀌지 않았다는 점이다."[148] 이러한 활동적 삶의 평준화에 맞서서 아렌트는 그 다양한 현상 형식들을 규명하여야 한다고 믿는다. 이때 그녀가 구상하는 현상학을 지배하는 것은 결연히 행동하는 삶에 대한 강조이다.

하지만 사색의 우위가 활동적 삶을 노동으로 격하시킨 원인이라는 생각은 잘못된 것이다. 오히려 인간의 행동이 모든 사색적 차원을 상실함으로써 단순한 활동과 노동으로 추락했다고 보아야 할 것이다. 아렌트는 사색이 모든 운동과 활동의 정지라고, 모든 형식의 활동적 삶을 소란으로 보이게 만드는 수동적 평정의 상태라고 잘못 생각하고 있다. 아렌트에 따르면 유한한 자인 인간이 사색의 상태에 도달하기 위해서는 "모든 운동과 활동을 멈

---

148 Hannah Arendt, *Vita activa*, p. 27. 아렌트는 니체 역시 사색의 천재였다는 걸
    눈치 채지 못한 듯하다.

추고 완전한 평정을 이루어야 한다."[149] 운동의 부재는 육체와 정신 모두에 해당된다. "육체와 영혼을 움직이는 것이 무엇이든 간에 외적인 움직임이든 말하고 생각하는 내적인 움직임이든 진리의 관찰 속에서 잠잠해져야 한다."[150] 아렌트는 사색적 삶이 오직 **자기 안에** 머물기에 평정의 형식이 될 수 있다는 점을 인식하지 못한다. 하지만 자기 안에 머물러 있는 것이라고 해서 아무런 운동이나 활동도 하지 않는 것은 아니다. 신 또한 자기 안에 머물고 있다. 그러나 신은 순수한 활동actus purus이다. '자기 안'이라는 말이 여기서 의미하는 바는 다만 외적인 것에 예속되어 있지 않다는 것, **자유롭다**는 것이다. 아리스토텔레스는 사색적 삶(비오스 테오레티코스)을 명시적으로 **활동적** 삶이라고 불렀다. 왜냐하면 테오리아로서의 사유는 에네르기아, 즉 작업 활동Werk-Tätigkeit, 작업 중에 있음(엔 에르고에이나이)을 의미하기 때문이다. 그 점에서는 토마스 아퀴나스 역시 아리스토텔레스의 입장을 따르고 있다. "외적인 신체 운동은 사색contemplatio의 평정과 대립된다. 사색은 외적인 일에서 자유롭다고 여겨지기 때문이다. 반면 정신적 활동에서 이루어지는 운동은 사색의 평정 자체에 속한다."[151]

활동적 삶을 복원하고자 하는 아렌트의 시도는 무엇보다도 행

---

149 같은 책, p. 26.
150 같은 책, p. 25.
151 Thomas von Aquin, *Summa theologica*, II, 2, 180, 6.

동Handeln에 관한 것이다. 그녀는 행동에 영웅적 강세를 부여한
다. 행동이란 뭔가를 완전히 새롭게 시작하는 것이다. 행동에의
결단력이 없다면 인간은 호모 라보란스homo laborans(일하는 인
간)로 위축되고 말 것이다. 태어난다는 것Geboren-sein은 던져짐
Geworfen-sein이 아니라 행동할 수 있음Handlen-Können을 의미한
다. 아렌트에게서 행동의 영웅성은 심지어 메시아적인 의미로까
지 고양된다. "'기적'은 인간이 태어난다는 사실, 그리고 인간과
함께 새로운 시작이 가능해진다는 사실에 있다. 인간은 태어난
덕택에 행동하면서 그러한 새로운 시작을 실현할 수 있을 것이
다. 〔……〕 인간이 세계 속에서 믿음을 가지고 세계에 희망을 걸
어도 좋다는 것을, '복음'을 선포하는 크리스마스 오라토리오 속
의 다음과 같은 말만큼 간명하면서도 또 아름답게 표현한 경우도
없으리라. '우리에게 한 아이가 태어났도다.'"[152] 시간적 관점에
서, 행동한다는 것은 곧 시간을 새로 출발시킨다는 것이다. 행동
의 정수는 혁명이다. 혁명은 "일상적인 것의 자동적 진행"[153]을
중단시킨다. 자연적인 반복의 시간과 비교할 때 새로운 시작은
하나의 "기적"이다. 행동은 진정 인간적인, "기적을 일으키는 능
력"[154]이다. 아렌트는 진정 새로운 것이 오직 행동을 향한 단호한

---

152 Hannah Arendt, *Vita activa*, p. 317.
153 같은 책, p. 315.
154 같은 책, p. 316.

영웅적 주체의 결단에서만 나온다는 잘못된 믿음에 빠져 있다. 그러나 세계를 만들어내고 문화를 만들어내는 사건들이 능동적으로 행동하는 주체의 의식적 결단에서 비롯되는 경우는 매우 드물다. 오히려 그런 사건들은 대체로 한가로움의 결과이거나 강요되지 않은 놀이, 자유로운 상상력의 결과이다.[155]

아렌트는 인간이 일하는 동물로 퇴락해가는 역사적 과정에 직면하여 강력한 행동의 이념을 구상한다. 그녀의 테제에 따르면 근대에 이르러 인간의 삶은 개인적 행동의 여지가 남아 있지 않은 집단적 삶의 과정이라는 형태를 취한다. 인간에게 요구되는 것은 오직 자동적으로 기능하는 것뿐이다. "마치 개개인의 삶이 인류 전체를 지배하는 삶의 물결 속에 빠져버린 것처럼, 마치 유일하게 능동적인 개인의 결정이 자기를 놓아버리는 것, 자신의 개성을 포기하는 것, [……] 그렇게 해서 완전히 '평화롭게' 그만큼 더 잘, 더 마찰 없이 '기능' 하는 것밖에는 남지 않은 것처럼."[156] 노동은 개인을 개인의 행동과 결정 너머에서 계속 진행되는 인류

---

155 그리하여 니체 역시 행동하는 인간에게 vis creativa(창조적 힘)가 없다고 본다. 한 아포리즘에서 니체는 다음과 같이 쓴다. "고차적 인간에게, 시인으로서, 분명 사색하는 힘vis contemplativa과 자신의 작품에 대한 성찰은 고유한 것이다. 그리고 또한 무엇보다도, 겉보기에 어떻게 보이든, 세상 사람들의 통념이 뭐라고 하든, 행동하는 인간에게 없는 창조적 힘도 그들 고유의 것이다(Friedrich Nietzsche, *Die fröhliche Wissenschaft*, Kritische Gesamtausgabe, 5. Abteilung, Bd. 2, Berlin 1973, p. 220).

156 Hannah Arendt, *Vita activa*, p. 410.

전체의 삶의 과정 속으로 편입시킨다.

일하는 동물의 수동성에 맞서 아렌트는 행동의 중요성을 강력히 주장한다. 모든 인간 능력의 활성화와 함께 그토록 희망적으로 시작된 근대가 "극단적인 죽음과 불모의 수동성"[157]으로 끝날 위기에 처해 있다면, 이제 그러한 수동성에 대해 활동적 삶으로 맞서야 한다. 그러나 아렌트는 일하는 동물의 수동성이 활동적 삶의 대립자이기는커녕 오히려 활동적 삶의 이면이라는 점을 간과한다. 그렇다면 아렌트가 행동과 결부시키는 활동적 삶의 힘은 노동하는 동물의 수동성에 대해 저항력을 발휘하지 못할 것이다. 왜냐하면 활동성은 인류의 집단적 삶의 과정과 충분히 조화를 이룰 수 있는 것이기 때문이다. 니체는 "활동적 인간의 주된 결점"이라는 제목이 붙은 아포리즘에서 다음과 같이 쓰고 있다. "활동적인 사람들에게는 보통 고차적인 활동이 없다. 개인적 활동이 없다는 말이다. 그들은 관리로서, 상인으로서, 학자로서, 즉 일정한 부류에 속한 존재로서 활동할 뿐, 결코 개별적이고 유일한 특정 인간으로서 활동하지 않는 것이다. 이런 의미에서 그들은 게으르다. 〔……〕 활동적인 사람들은 돌이 구르듯이 구른다. 어리석은 기계의 원리에 따라서."[158]

---

157 같은 책, p. 411.

158 Friedrich Nietzsche, *Menschliches, Allzumenschliches I*, Kritische Gesamt-ausgabe, 4. Abteilung, Bd. 2, Berlin 1967, p. 235.

아렌트는 근대의 삶이 점점 사색적 삶에서 멀어져간다는 것을 인지하기는 하지만, 이러한 역사적 경과에 대해 더 깊이 숙고해보지 않는다. 그녀는 다만 모든 활동적 삶의 현상 형식을 무차별하게 단순한 노동으로 평준화시켜버린 주범으로 사색적 삶을 지목할 따름이다. 아렌트는 조급하고 불안정한 근대적 삶의 양상이 사색적 능력의 상실과 밀접한 관계가 있다는 점을 인식하지 못한다. 활동적 삶의 전면적 지배는 아렌트 자신도 애석해하는 "경험의 소멸"에도 기여한다. 순수한 활동성은 경험의 빈곤을 낳는다. 순수한 활동성은 동일한 것을 계속 이어간다. 멈추어 설 줄 모르는 자는 완전한 타자에 접근하지 못한다. 경험은 변신을 가져온다. 경험은 동일한 것의 반복을 중단시킨다. 더욱 활동적으로 된다고 해서 경험에 대한 수용성이 더 커지는 것은 아니다. 오히려 여기에는 특별한 수동성이 필요하다. 경험을 위해서는 행동하는 주체의 활동성에서 벗어나 있는 무언가의 **다가옴을 허용할 수** 있어야 한다. "그것이 사물이든, 인간이든, 신이든, 어떤 것과 경험을 한다는 것은 그것이 우리에게 일어나고, 우리를 맞히고, 우리를 덮치고, 우리를 뒤집어버리고 우리를 변신시킨다는 것을 의미한다."[159]

아렌트는 시간에 대한 관계에 있어서 철저하게 지배의 관점에

---

159 Martin Heidegger, *Unterwegs zur Sprache*, p. 159.

서 있다. 용서는 강력한 행동으로서 시간을 새로 시작하게 할 수 있는 "힘"이다. 용서는 행동의 주체를 과거에서, 즉 그를 영원히 꼼짝 못하게 할 시간의 짐에서 해방시킨다.[160] 약속은 미래를 예측 불허의 상태에서 보호함으로써 계산하고 이용할 수 있게 해준다. 용서와 약속의 힘으로 행동의 주체는 시간을 장악한다. 이러한 권력적 특성을 통해서 행동은 다른 형태의 활동적 삶, 즉 제작이나 노동과 아주 깊이 연루된다. 강한 의미에서의 "개입Eingreifen"[161] 은 행동뿐만 아니라 제작과 노동의 내재적 속성이기도 하다.

존재는 활동한다는 것으로 환원되지 않는다. 행동조차 단순한 노동으로 굳어버리지 않으려면, 자체 내에 멈춤의 계기를 품고 있지 않으면 안 된다. 행동의 숨 돌림 속에는 정적이 있다. 행동 하는 주체는 동작을 멈추면서, 그 머뭇거림의 순간에 행동의 결단 앞에 펼쳐져 있는 측량할 수 없이 넓은 공간을 지각한다. 하나의 행동이 가지고 있는 우연한 가능성 전체가 잠시 머뭇거리며 물러서는 순간에 비로소 모습을 드러내는 것이다. 행동을 향한 결연한 의지는 머뭇거릴 줄 모르는 한 맹목적이다. 그것은 자기 자신의 그림자도 보지 못하고 자기 자신의 다른 면도 보지 못한 다. 머뭇거림은 물론 긍정적인 실행은 아니다. 하지만 행동 자체

---

160 Hannah Arendt, *Vita activa*, p. 303.
161 같은 책, p. 315.

의 구성적 요인이다. 더 많은 활동이 아니라 멈출 수 있는 가능
성이 행동을 노동과 다른 것으로 만든다. 머뭇거릴 줄 모르는 사
람은 노동자일 뿐이다.

『활동적 삶』의 마지막 부분에서 아렌트는 뜻밖에도 사유의 중
요성을 환기한다. 아렌트는 어쩌면 사유가 일하는 동물의 승리를
초래한 근대의 역사적 전개 속에서 가장 덜 손상된 부분이 아닐
까 추측한다. 물론 세계의 미래는 사유가 아니라 행동하는 인간
들의 힘에 달려 있을 것이다. 그러나 사유도 인간의 미래와 전혀
무관하지는 않을 것이니, 왜냐하면 사유는 활동적 삶의 여러 활
동 가운데서도 "가장 활동적인 것"으로서 그 속에서 "활동한다는
경험이 가장 순수하게 드러나기" 때문이다. 사유는 "순수한 활동
성이라는 면에서 모든 활동을" 능가한다. 그러나 아렌트는 왜 활
동한다는 경험이 하필이면 사유 속에서 가장 순수하게 표현되는
지 조금도 분명하게 밝혀주지 않는다. 어째서 사유는 가장 활발
한 행위보다도 더 활동적인가? 혹시 사유는 엄청난 높이와 깊이
를 가로지르기 때문에, 가장 멀리 과감하게 나아가기 때문에, 극
도로 넓은 공간과 시간 범위를 자기 안에 모아들이기 때문에, 한
마디로 **사색적이기 때문에**, 모든 활동 가운데 가장 활동적인 것은
아닐까?

테오리아로서의 사유는 **사색하는** 활동이다. 그것은 사색적 삶
의 현상 형식이다. 역설적으로 아렌트는 사유가 그 순수한 활동

성이라는 면에서 활동적 삶의 다른 활동들을 능가하는 활동이라고 평가한다. 아리스토텔레스에게 사유하는 활동은 모든 행동에서 자유롭기 때문에, 즉 사색적이기 때문에 신성하다. "우리는 신들이 가장 행복하고 복된 존재라고 생각한다. 그러나 어떤 행동을 그들의 것으로 볼 수 있을까? 이를테면 정의로운 행동? [……] 아니면 용기 있는 행동? 마치 신들도 무시무시한 대상이나 위험 앞에서 꿋꿋이 버티는 것이 윤리적으로 아름다운 행위라서 그렇게 해야 하기라도 하다는 듯이? [……] 살아 있는 자(이 문맥에서는 신을 가리킴—역자)에게서 미덕과 영리함에 따른 행동의 가능성을 빼고 나면 [……] 사유밖에는 남는 것이 없지 않겠는가? 그러므로 복된 활동으로서 다른 모든 것을 뛰어넘는 신의 활동은 사유하는 활동일 수밖에 없다."[162]

아렌트는 키케로가 『공화정에 대하여』에서 원용한 바 있는 카토의 경구로 책을 마무리한다. "겉보기에 아무것도 하지 않을 때보다 더 많은 활동을 하는 때는 없으며, 홀로 고독에 빠져 있을 때만큼 덜 외로운 때도 없다."[163] 이 경구는 원래 사색적 삶에 관한 것이다. 아렌트는 그것을 활동적 삶에 대한 찬양으로 만든다. 카토Cato가 말한 "고독"이 사색적 삶에도 중요하다는 것, 그리고

---

162 Aristoteles, *Nikomachische Ethik*, 1178b.
163 Hannah Arendt, *Vita activa*, S. 415; Marcus Tullius Cicero, *De republica*, 1.17(W. Sontheimer 역).

고독이 공동의 행위, "행동하는 사람들의 힘"과 정반대 지점에 놓여 있다는 것은 아렌트의 눈에 보이지 않는 듯하다. 인용된 대목에서 키케로는 "광장"과 "북적대는 군중"에서 벗어나 사색적 삶의 고독 속으로 돌아갈 것을 독자에게 촉구하고 있다. 그리하여 그는 카토를 인용한 직후에 재차 사색적 삶을 찬미한다. 활동적인 삶이 아니라, 영원한 것과 신적인 것에 몰입하는 사색적 삶을 통해서 비로소 인간은 정말 인간다운 존재가 되는 것이다. "모든 인간사를 경멸하고 지혜의 한참 아래에 있는 것으로 본다면, 그리고 언제나 사유 속에서 오직 영원한 것과 신적인 것에만 몰두한다면, 대체 어떤 장군의 자리가, 어떤 공직이, 어떤 왕좌가 이보다 더 높이 보일 수 있겠는가? 이런 사람은 마음속으로 알고 있을 것이다. 다른 모든 사람들이 사람이라고 불리기는 하지만, 진정한 사람은 오직 사람으로서 고유하게 지닌 능력을 가지고 자기 자신을 더 뛰어난 형태로 발전시키는 자뿐이라는 것을." 『활동적 삶』의 끝 부분에서 아렌트는 본래 의도와는 달리 사색적 삶에 손을 들어준다. 하지만 바로 사색하는 능력의 상실이야말로 인간이 일하는 동물로 퇴화하게 된 주요 원인이라는 것을 아렌트는 끝내 인식하지 못한다.

4. 비타 콘템플라티바, 또는 사색적 삶

거친 일을 기꺼워하는 너희, 빠른 것, 새로운 것, 낯선 것을 좋아하는 모든 자들
아,—너희는 잘 참지 못한다. 너희의 부지런함은 도피이며 자기 자신을 잊으려는
의지이다. 너희가 삶을 더 믿는다면 순간을 위해 스스로를 던져버리는 일도 적어
지리라. 하지만 너희에게는 기다릴 수 있을 만큼 충분한 내용이 속에 담겨 있지
않구나—게으를 수 있을 만한 내용조차 없구나!
—프리드리히 니체

아렌트가 『활동적 삶』에서 말한 바에 따르면 사유는 소수의 특
권이었다. 바로 그렇기 때문에 이 소수는 오늘날에도 줄어들지
않고 있다.[164] 하지만 이러한 주장이 완전히 정확한 것은 아니다.
어차피 아주 소수에 지나지 않았던 사상가들이 그나마 더 줄어들
었다는 것이 아마도 오늘날의 특징적인 징후일 것이다. 어쩌면
사유는 사색적 삶이 활동적 삶에 자리를 내주고 점점 변방으로
밀려나는 바람에 큰 손상을 입은 것인지도 모른다. 사유는 활동
과잉의 초조, 부산함, 불안함을 잘 소화시키지 못한다. 사유는
점점 커져가는 시간 압박 때문에 그저 동일한 것만 재생산한다.
니체도 이미 자기 시대에 위대한 사상가가 거의 없음을 한탄한
다. 그는 이러한 결핍에 대한 원인을 "사색적 삶이 퇴조하고, 그

---

164 Hanna Arendt, *Vita activa*, p. 414.

러한 삶이 곧잘 과소평가되고 있다"는 데서 찾는다. "노동과 부지런함이──보통은 위대한 건강의 여신을 추종하지만──때로 질병처럼 날뛴다."[165] 사유를 위한 시간, 사유 속에서 평정을 찾을 시간이 없는 까닭에, 어긋나는 견해들은 기피의 대상이 된다. 사람들은 그런 것을 증오하기 시작한다. 전반적인 초조와 불안 때문에 사유는 깊어지고 과감하게 멀리 밖으로 나아가며 진정으로 다른 무언가를 향해 뛰어오를 수 있는 기회를 찾지 못한다. 사유가 시간을 좌우하는 것이 아니라 시간이 사유를 좌우한다. 이로써 사유는 잠정적이고 무상한 것이 된다. 사유는 더 이상 지속적인 것과 의사소통하지 못한다. 그러나 니체는 "명상의 신령이 막강한 모습으로 돌아와"[166] 이런 한탄도 잠재울 것이라고 믿는다.

진정한 의미의 사유는 임의로 가속화시킬 수 없다. 그런 점에서 사유는 계산이나 단순한 이성의 활동과 구별된다. 사유에 **복잡한 장식이 달리는 것**은 드문 일이 아니다. 그래서 칸트는 예리하고 세련된 감각을 "일종의 두뇌 사치"[167]라고 부른 것이다. 이성의 활동은 오직 필요와 필연만을 알 뿐이고, 사치에 대해서는 전혀 무지하다. 사치란 곧 필연적인 것에서의 일탈, **직선**에서의 일

---

165 Friedrich Nietzsche, *Menschliches, Allzumenschliches I*, pp. 234 이하.

166 같은 책, p. 235.

167 Immanuel Kant, *Anthropologie in pragmatischer Hinsicht*, Werke in 10 Bänden(W. Weischedel 편), Darmstadt 1983, Bd. 10, p. 512.

탈이기 때문이다. 계산의 차원을 넘어서는 사유에는 특별한 시간성과 공간성이 내재한다. 그러한 사유는 단선적으로 나아가지 않는다. 사유가 자유로운 것은 사유의 장소와 시간이 계산 불가능하기 때문이다. 사유의 흐름은 불연속적일 때가 많다. 반면 계산은 단선적 궤도 위에서 이루어진다. 따라서 계산은 그 위치가 정확히 파악되고, 속도도 임의로 증가시킬 수 있는 것이다. 계산은 뒤를 돌아보지도 않는다. 우회나 일보후퇴는 무의미하다. 그런 것은 그저 단순한 일에 지나지 않는 계산 작업의 진행을 더디게 만들 뿐이다. 오늘날은 사유조차 노동과 유사해진다. 그러나 일하는 동물은 **생각**할 줄 모른다. 진정한 사유, 즉 숙고하는 사유에는 노동이 아닌 무언가가 꼭 필요하다. 'Sinnen'(숙고하다)은 고고독일어에서 여행을 의미하는 sinnan에서 유래한 것이다. 숙고가 나아가는 **행로**는 예측할 수 없고 불연속적이다. 계산하는 사유는 **길을 떠돌지** 않는다.

인간은 스스로 평정에 이르지 않고서는 평정 상태에 있는 것을 볼 수 없다. 활동적 삶의 절대화는 행위, 활동이 아닌 모든 것을 삶에서 지워버린다. 전반적인 시간의 압박으로 인해 우회적인 것, 간접적인 것도 파괴된다. 그리하여 세계는 형식의 빈곤에 빠진다. 모든 형식, 모든 비유는 우회로이다. 직접적인 것은 적나라한 무형식일 뿐이다. 언어에서 간접적인 것을 빼면 고함이나 명령에 가까워진다. 친절과 예의도 우회적인 것, 간접적인 것을 바탕으로 한다. 반면 폭력은 직접성을 지향한다. 머뭇거림과 멈춤의 계기가 전혀 없는 걸음은 행진으로 경직되고 만다. 시간의 압박 속에서 양가적인 것, 잘 분간할 수 없는 것, 눈에 띄지 않는 것, 결정 불가능한 것, 부유하는 것, 복합적인 것, 수수께끼 같은 것은 조악한 명백함에 밀려난다. 니체는 노동의 조급성 때문에 "운동의 가락을 느낄 수 있는 눈과 귀"가 사라진다고 말한다. 가락 역시 우회로이다. 직접적인 것은 단조로울 뿐이다. 가락은 사유의 특징이기도 하다. 모든 우회적인 특성을 상실한 사유는 빈곤해지고 결국 계산으로 전락한다.

근대적 가속화 압력의 적지 않은 부분이 근대의 시작 이래 사색적 삶을 위축시키며 점점 세력을 강화해온 활동적 삶에서 유래한다. 인간이 일하는 동물로 퇴화한 것도 이러한 근대적 흐름이 낳은 부산물로 해석할 수 있다. 노동의 강조와 행동의 강조 모두 활동적 삶의 우위라는 근대적 원리를 바탕으로 한다. 하지만 아렌트는 부당하게도 노동과 행동을 확실하게 분리할 수 있다고 믿는다. 행동과 달리 노동은 유적 존재의 삶의 과정에 수동적으로 따르는 것에 지나지 않는다는 것이다. 아렌트의 행동 개념에는 인간을 일하는 동물로 전락시키는 노동의 저주를 풀어줄 마술적 힘이 없다. 왜냐하면 강한 의미의 행동 개념도 노동의 절대화를 가져온 활동적 삶 우위의 원리에서 나온 것이기 때문이다. 여러 번 강조한 것처럼 결연한 행동의 의지와 결연한 노동의 의지는 동일한 계통적 뿌리를 가지고 있다. 오직 사색적 삶을 되살리는 것만이 인간을 노동의 강제에서 해방시킬 수 있을 것이다. 노동하는 동물은 또한 이성적 동물과도 근친관계이다. 이성의 활동 그 자체는 일종의 노동이기 때문이다. 인간이 그래도 동물 이상의 존재인 것은 바로 사색하는 능력을 지니고 있기 때문이다. 사색하는 능력을 통해서 인간은 지속적인 것과 소통할 수 있는 능력을 획득한다. 하지만 여기서 지속적인 것은 유적 존재가 아니다.

흥미롭게도 하이데거는 사색적 삶에 거의 주목하지 않는다. 사색적 삶은 하이데거에게 단지 세속의 활동적 삶과 대비되는 수도원의 명상적 삶을 의미할 뿐이다. 하이데거는 사색을 그 속에 들어 있는 합리적 요소, 즉 구분하는 분석적 관찰이라는 의미로 환원한 다음,[168] 이를 고찰Betrachtung과 연결한다.[169] 하이데거는 고찰을 트라흐텐Tachten, 즉 가공하다, 처리하다, 다루다 등의 의미를 지닌 라틴어 '트락타레tractare'에서 출발하여 파악한다. 무엇을 얻기 위해 노력한다nach etwas trachten는 것은 하이데거에 따르면 "작업을 통해 무엇의 방향으로 다가가다, 무엇을 쫓아가다, 그것을 확실히 손에 넣기 위해 추적하다" 등의 의미를 지닌다. 따라서 고찰로서의 사색은 "현실을 추적하고 장악하는" "엄

---

168 Martin Heidegger, *Vorträge und Aufsätze*, p. 48.

169 이러한 논리적 이행을 하이데거는 늘 그러듯이 언어적-어원적 단서를 통해 이루어낸다. "contemplatio의 독일어 번역은 Betrachtung이다"(같은 곳).

청나게 현실에 개입하는" "현실의 가공 작업"[170]이다. 즉 사색은 **노동**이다. 하이데거는 신비주의와 가까운 입장임에도 사색의 신비적 차원을 논의하지 않는다. 사색이란 **신의 애정 어린 관심 속에 머무름**으로서, 하이데거가 주장하는 구분과 장악의 의도를 포함하지 않는다. 오히려 신비로운 합일unio mystica 속에서 분리선과 울타리가 완전히 해제된다.

토마스 아퀴나스에 따르면 사색적 삶은 인간을 더욱 완전하게 만드는 삶의 형식이다. "사색적 삶 속에서 추구되는 진리의 사색은 곧 인간의 완성을 이루는 것과 같다."[171] 모든 사색적 계기가 소실된다면, 삶은 일로, 단순히 먹고살기 위한 행위로 퇴락하고 만다. 사색하는 머무름은 **노동**으로서의 시간을 중단시킨다. "시간 속의 활동과 일, 그리고 자신의 존재 그 자체."[172]

사색적 삶은 시간 자체를 고양시킨다. 아렌트의 단언과는 달리 기독교 전통에서 사색적 삶이 일방적으로 우위에 놓이는 것은 아니다. 마이스터 에크하르트의 경우에서처럼 오히려 활동적 삶과 사색적 삶을 매개하려는 노력이 있었다고 할 수 있을 것이다. 그

---

170 같은 책, p. 49.

171 Thomas von Aquin, *Summa theologica*, II, 2, 180, 4.

172 Meister Eckhart, *Die deutschen und lateinischen Werke*(Josef Quint 편), Bd. 3, Die deutschen Werke, Stuttgart 1976, p. 485.〔에크하르트는 하느님께 가까이 가는 두 가지 방법으로 시간 속의 활동과, 자신의 존재 자체(에 대한 숙고)를 이야기한다—역자.〕

레고리우스 역시 다음과 같이 말한다. "다음을 알아야 한다. 좋은 삶의 계획이 활동적 삶에서 사색적 삶으로 넘어갈 것을 요구한다면, 영혼이 사색적 삶에서 활동적 삶으로 되돌아오는 것도 때로 유용한 일이다. 그렇게 해서 마음속에 타오른 사색의 불꽃을 통해 활동이 그 완전한 충만을 이룰 수 있을 것이다. 이제 활동적 삶은 우리를 사색으로 이끌고 사색은 우리가 내면에서 관찰한 것에서 출발하여 우리를 다시 활동으로 불러와야 한다."[173] 행동 없는 사색적 삶은 공허하고 사색 없는 행동적 삶은 맹목이다.

하이데거의 후기 철학은 그 자체가 사색적 분위기로 가득하다. 「들길」은 사색적 길via contemplativa이라 해도 좋을 것이다. 그 길 위의 사람은 어딘가를 향해서 가는 게 아니라 사색하며 그 위에 머물러 있을 따름이다. 하이데거가 마이스터 에크하르트를 언급하는 것은 우연이 아니다. "들길 주위에 자라나 머물고 있는 모든 사물들, 이들의 넓이가 세계를 선사한다. 발설되지 않는 그들의 언어 속에, 독서와 삶의 노대가인 에크하르트가 말한 것처럼 신은 비로소 신이 된다."[174] 하이데거는 에크하르트를 독서와 삶의 노대가라고 부름으로써 활동적 삶과 사색적 삶의 매개가 필요

---

173 Alois M. Haas, "Die Beurteilung der Vita contemplativa und activa in der Dominikanermystik des 14. Jahrhunderts," *Arbeit Musse Meditation*(B. Vickers 편), Zürich 1985, pp. 109~31, 이 중 p. 113에서 재인용.

174 Martin Heidegger, *Aus der Erfahrung des Denkens*, p. 89.

하다는 것을 시사한다. 하이데거에게 "숙고 또는 숙고적 사유"는 노동으로서의 계산적 사유의 반대말이 된다. 「학문과 숙고」에서 하이데거는 다음과 같이 쓴다. "숙고의 가난은 무용한 것의 광휘 속에 빛나는 보물에 대한 약속, 결코 실망시키지 않을 부에 대한 약속이다."[175] 숙고는 사유가 **일의 도중에 멈추는 순간** 시작된다. 멈춤의 순간에 비로소 사유는 "교육Bildung"[176]에 앞서 펼쳐져 있는 공간을 가로지른다.[177] 오직 숙고만이 그림이 아닌 것, 표상이 아닌 것, 하지만 표상의 나타남을 **허용**하는 무언가에 접근할 수 있다. 숙고는 "미심쩍은 것에 대한 느긋한 태도"로 빠른 포획의 손길에서 벗어나는 느리고 긴 것에 몸을 맡긴다. 숙고는 현존하는 것과 다룰 수 있는 것(손 앞에 있는 것과 손에 있는 것das Vor- und Zu-handene), 그리하여 노동의 대상이 되는 것 너머로 시야를 들어 올리고 이로써 확장시킨다. **손**이 붙잡으려다 멈출 때,

---

175 Martin Heidegger, *Vorträge und Aufsätze*, pp. 64 이하.

176 "'형성하다bilden'라는 단어는 일단 모범Vor-Bild을 세우다, 규정Vor-Schrift을 만들다라는 의미를 지닌다. 그래서 'bilden'은 주어진vorgegeben 소질을 완성된 형태로 만든다는 의미가 된다. 교육은 사람들에게 모범을 제시하고 사람들은 이에 따라 할 것과 하지 않을 것을 훈련하게 된다. 〔……〕반면 우리는 숙고를 통해서 비로소 우리가 정주할 장소로 가는 길 위에 처음 이르게 된다"(Martin Heidegger, *Vorträge und Aufsätze*, p. 64)

177 Martin Heidegger, *Vorträge und Aufsätze*, p. 63 참조. "그렇게 이해된 숙고를 통해 우리는 미리 겪어보지도, 꿰뚫어보지도 않은 상태에서, 우리가 오래전부터 머물러온 곳에 당도한다. 이러한 숙고 속에서 우리가 이르게 되는 장소에서부터 비로소 우리의 행위와 무위를 아우르는 공간이 열리기 시작한다."

머뭇거릴 때, 드넓은 것이 손 안에 들어온다. 그리하여 하이데거는 "가만히 덮고 있는 어떤 손, 그 속에 어떤 만짐Betasten과도 무한히 멀리 떨어져 있는 스침Berühren이 집중되어 있는 그런 손"[178]에 대해 이야기한다. 머뭇거리는 손 앞에 비로소 측량할 수 없이 넓은 공간이 열린다. 머뭇거리는 손은 "먼 곳에서부터, 그리고 먼 곳을 향해 외치는 부름에 실려 간다. 왜냐하면 정적으로부터 실려 왔기 때문에."[179] 머뭇거리며 "한발 물러서는" 멈춤 속에서 비로소 전진하는 일의 과정에 폐쇄되어 있던 "정적"의 소리가 들려온다. "한발 물러설" 때 비로소 걸음 자체Gehen-an-sich가 모습을 드러낸다. 하이데거는 거듭해서 이러한 사색적 에포케(중지)로 회귀한다. "머무르다weilen는 지속되다währen, 조용히 있다still bleiben, 자신에게, 속에 멈추어 있다an sich und innehalten, 즉 평정 속에 있다는 뜻이다. 괴테는 한 아름다운 시편에서 이렇게 말한다. '바이올린은 멎고, 춤꾼은 멈춘다Die Fiedel stockt, der Tänzer weilt.'"[180] 춤꾼은 움직임을 멈추는 순간에 비로소 공간 전체를 지각한다. 이처럼 머뭇거리는 잠시 동안은 완전히 다른 춤이 시작되기 위한 전제가 된다.

---

178 Martin Heidegger, *Unterwegs zur Sprache*, pp. 104 이하.

179 Martin Heidegger, *Hölderlins Hymne "Andenken,"* p. 171. "수줍은 머뭇거림은 인내를 향한 단호한 기다림이다. 머뭇거림은 아주 오래전부터 결정된, 느린 것에의 용기다. 머뭇거림은 인내Langmut다."

180 Martin Heidegger, *Der Satz vom Grund*, p. 186.

폭력적인 장악을 삼가는 손, 저 가만히 덮고 있는 손은 **지켜주는**schonend 손이다. "schonen"(지켜주다)이라는 단어는 "친절한"을 의미하기도 하는 중고독일어 단어 "schône"에서 나온 것이다. 사색적 머무름 또한 친절의 실천이다. 그것은 개입하기보다, 무언가가 일어나고 벌어지게 놓아두고 이를 승인한다. 사색적 차원이 완전히 빠져버린 활동적 삶은 친절하게 지켜주는 능력이 없다. 그러한 삶의 양상은 가속화된 제작과 파괴로 나타난다. 활동적 삶은 시간을 **소모**한다. 여가 시간 역시 계속 노동의 강제에 예속되어 있는 까닭에, 사람들은 여가 시간에조차 시간과 다른 관계를 맺지 못한다. 사물은 파괴되고, 시간은 허비된다. 사색적 머무름은 시간을 준다. 그것은 존재를 넓힌다. 활동하는 것 Tätig-Sein 이상의 존재Sein가 되도록. 삶은 사색적 능력을 회복할 때, 시간과 공간을, 지속과 넓이를 얻을 것이다.

모든 사색적 요소가 추방되어버린 삶은 치명적인 과잉활동으로 귀결된다. 그리고 인간은 자기 자신의 행위 속에서 질식할 것이다. 사색적 삶을 되살려야 한다. 왜냐하면 이러한 삶만이 숨쉴 수 있는 공간을 열어줄 것이기 때문이다. 아마 정신Geist이 생겨난 것도 남아도는 시간, 한가로움, 느린 숨결 덕분이었으리라. 그렇다면 숨결이자 정신을 의미하는 단어 프네우마의 재해석도 가능할지 모른다. 가쁜 숨을 헐떡이는 사람에게는 정신도 없다. 노동의 민주화에 이어 한가로움의 민주화가 도래해야 한다. 그래야만 노동의 민주화가 만인의 노예화로 전복되는 것을 막을 수 있을 것이다. 니체도 다음과 같이 말하고 있다. "우리 문명은 평온의 결핍으로 인해 새로운 야만 상태로 치닫고 있다. 활동하는 자, 그러니까 부산한 자가 이렇게 높이 평가받은 시대는 일찍이 없었다. 따라서 관조적인 면을 대대적으로 강화하는 것은 시급히 이루어져야 할 인간 교정 작업 가운데 하나이다."[181]

---

181 Friedrich Nietzsche, *Menschliches*, Allzumenschliches I, p. 236.